Kuollut Jumala vai Elävä Jumala?

AF192111

Taitto & Kansi: Books on Demand

Kustantaja: BoD – Books on Demand, Helsinki, Suomi

Valmistaja: BoD – Books on Demand, Norderstedt, Saksa

ISBN: 978-951-56-8584-1

Heikki Patronen

Kuollut Jumala vai Elävä Jumala?

Kolme esseetä elämän synnystä,
monimuotoisesta materialismista ja uskosta
sekä yhteiskunnasta

Omistettu kaikille ihmisille, joita kiinnostaa
Jumalan olemassaolo.

Sisältö

Lukijalle

Tuskin mikään asia on sitä tärkeämpää kuin se, mitä tiedämme Jumalan olemassaolosta (vai tiedämmekö siitä mitään). Filosofit ja tiedemiehet ovat viettäneet vuosisatoja tämän ongelman parissa ratkaisematta asiaa puoleen tai toiseen.

Jumalan olemassaolon todistavia filosofisia todistuksia on esitetty vakavammassa mielessä aina antiikista alkaen. Ne ovat kuitenkin takertuneet poikkeuksetta filosofien virittämiin tiheäsilmäisiin vastatoditusten verkkoihin. Tämän takia keskustelusta on tullut aika tyhjänpäiväistä juupas-eipäs väittelyä.

Lisäksi valistuksesta lähtenyt ja darwinismiin ulottuva naturalistinen maailmankatsomus on haudannut alleen kaikki järkevätkin perustelut Jumalan olemassaolon puolesta.

Mielestäni tämä ongelma rajoittuu kuitenkin vain yhteen pisteeseen eli elämän syntyyn. Tähän asiaan ei ole löydetty järkevää ratkaisua (järjettömiä sitäkin enemmän). Kysymys sinänsä on loogisesti täysin oikein asetettu eli onko pelkkä aine elämän synnyn taustalla vai onko se sittenkin syntynyt sielullisesta, älyllisestä ja tietoisesta persoonallisesta prinsiipistä

Tähän kysymykseen täytyy olla olemassa looginen ja älyllisesti tyydyttävä vastaus, erityisesti siksi, että vaihtoehtoja on vain kaksi.

Olen asettanut vastakkain ainoan mahdollisen ja täysin mahdottoman. Vain näin asia on ratkaistavissa.

Koska nämä kirjoitukset ovat esseitä, niin lähdeviiteitä olen käyttänyt vain tekstin sisällä, ja vain tärkeimpiä, muuten lähdeviitteistä olisi tullut paksumpi kirja kuin mitä nämä esseet ovat. Sapere aude!!

I. ESSEE: ELÄMÄN SYNTY

Ennen kuin oli elämää, oli olemassa ainetta, materiaa sen kaikissa muodoissa, ja tämä aine oli kuollutta, tutkittiinpa sitä miltä tasolta ja miltä puolelta tahansa: vetenä, sorana, kaasuina, atomeina tai hiukkasina, se oli täysin kuollutta. On olemassa sanonta: kuollut kuin kivi, se ei ole pelkästään hyvä sanonta, se on totuus.

Kuolleella aineella on tiettyjä ominaisuuksia, jotka ovat seurausta siitä, että se on elotonta. Tällä aineella ei ole minkäänlaista olemassaolon kokemusta, eikä se voi tunnistaa mitään mitä siihen syntyy. Ja kun olioiden tunnistaminen on mahdotonta, niitä ei tälle materialle ole myöskään olemassa (tunnistamiseen pystyy vain tietoinen olento). Onko materiaa olemassa vai ei, siihen on tiedottomuudessa mahdotonta saada minkäänlaista varmuutta tästä materiasta itsestään käsin. Tällainen on kuollut Jumala.

Ilman tietoisten toimijoiden olemassaoloa tällä materialla on myöskin tapana lukittua eli mennä lukkoon, jolloin minkäänlaisen olemassaolon kokeminen on mahdotonta. Tämän lukon voi aukaista vain ulkopuolelta, ei sisäpuolelta ja ainoastaan tietoisesti.

I FIKTIIVINEN ELÄMÄN SYNTY JA SATTUMA

Kuitenkin tämän kuolleen aineen tulisi kyetä synnyttämään elävää elämää, mutta ihmisen inhimillisen ajattelun tuloksena tässä ei ole kysymys enää kuolleesta aineesta, vaan aivan muusta, maagisia kykyjä omaavasta aineesta: kemiallisesta evoluutiosta eli alkuliemen itse itseään kopioivista, kehittyvistä ja keskenään kilpailevista molekyyleista ja niin edelleen, melkeinpä loputtomiin. Mistä nämä ovat tulleet? Ei ole olemassa tasan tarkalleen kuin yksi ainoa oikea vastaus: ihmisen mielikuvituksesta, joka perustuu siihen tietämykseen (tietoon) elämästä, joka hänellä kulloinkin on. Mutta edes tällainen fiktiivinen elämän synnyttäminen ei ole mahdollista ilman jonkinlaista tietoa jo olemassa olevasta elämästä.

Erilaisia fiktioita elämän synnystä on kehitelty aina antiikin ajoista lähtien ja lopulta päädyttiin siihen konkreettiseen lopputulokseen, että elämää syntyy vain elävästä, ei mistään muusta. Mutta tämä ei ole estänyt kehittämästä jatkuvasti uusia fiktioita elämän alkuperäisestä synnystä (alkusynnystä) kuolleesta aineesta. Lähes kaikissa näissä skenaarioissa vedotaan sattumaan.

Mitä sattuma on? Sattuma on ihmisen luoma

abstraktio/fiktio; luonto ei tunne sattumaa. Vetoaminen sattumaan on kausaliteetin kieltämistä. Kuitenkin sattuma on materialisteille melkeinpä ainoa mahdollisuus selittää alkusynty ilman järjellistä perustelua.

Sattuma on kuitenkin pelkkä fiktio, koska sen perusteena on yhteys reaalisesti olemassa olevaan elämään. Ilman tätä yhteyttä ei mitään elämään liittyvää sattumaa ole olemassa, eikä koskaan ole ollutkaan.

Ennen elämän olemassaoloa ei tietystikään ollut olemassa yhtään mitään mihin elämään liittyvän sattuman olisi voinut yhdistää – ei edes sattumaa. Oli vain deterministisiä luonnonlakeja ja jos niitä ei olisi ollut maailmankaikkeus olisi ollut kaaosmaisessa tilassa eikä elämän synty olisi ollut mahdollista. Materia olisi ollut hajaannuksessa eikä mitään elämälle huikaisevan tarkkoja mittatilausarvoja olisi ollut olemassa. Ilman yhteyttä konkreettiseen elämään sattuma (fiktio) elämän synnyttäjänä on täysin poissuljettu tapahtuma. Koska sattumalla alkusyntynä on yhteys ainoastaan olemassa olevan elämän kanssa eikä olemattoman, niin on täysin selvää, ettei elämä ole voinut syntyä sattumasta. Vai ajatellaanko, että sellainen sattuma, jolla ei ole itsessään mitään tekemistä minkäänlaisen elämän kanssa voi synnyttää elämää? Tällainen elämää synnyttävä sattuma ei ole muuta kuin tietoista valehtelua, huiputusta, hölynpölyä ja älyllistä älyttömyyttä. Elämästä täytyy olla olemassa kovaa faktaa, jotta sen voi edes fiktiivisesti synnyttää. Mitään elämään liittyvää sattumaa ei ole olemassa, ellei ole olemassa todellista elämää ja piste. Sellainen väite, että ilman tietämystä elämästä voi synnyttää konkreettista elämää on kaiken järjellisen ajattelun ulkopuolella, hulluutta.

Sattuma ja aika: Tästä olkoot esimerkkinä Stephen Hawkingin (myös R. Dawkins on esittänyt saman) tilastomatemaattinen fiktio kirjoituskoneita käyttävistä apinoista ja rajattomasta ajasta : Apinat kykenevät kirjoittamaan kirjoituskoneillaan täysin sattumanvaraisella tekniikallaan kaikki Shakespearen sonetit, kun vain aikaa on riittävästi.

Kaikki on mahdollista, jos vain aikaa on riittävästi: materia, sattuma ja aika ovat jumalattoman maailman pyhittämä kolminaisuus

Tämä esimerkki toistaa kuitenkin toistaa saman virheen, josta oli jo puhe: on olemassa kuviteltu yhteys olemassa olevan elämän ja sattuman välillä ja on olemassa yhteys apinoiden kirjoitusten ja Shakespearen tekstien välillä. Tämä yhteys perustuu ihmisen rajalliseen ymmärrykseen ja mielikuvitukseen. Elämää on jo olemassa (tuskin tätä nyt kielletään) ja Shakespearen tekstejä (tuskin tätäkään kielletään) on myöskin olemassa. Tässä kuitenkin tahdotaan sanoa, että mitä vain voi syntyä, kun aikaa on rajattomasti, siten alkusynty on ajan kanssa täysin mahdollista.

Mutta myös rajaton aika tai lähes "lähes rajaton aika" on fiktio, siinä kuin sattumakin, ihmismielen luoma abtsraktio; tämän maailman konkretia ei sellaista tunne.

Kuitenkin, ilman tätä yhteyttä todellisten tekstien ja apinoiden kirjoitusten välillä, apinoiden on mahdotonta tuottaa Shakespearen tekstejä, vaikka aikaa olisi ikuisuus. Tämän lisäksi tähän on kätkeytynyt vieläkin pahempi ongelma: on olemassa kaksi alkusyntyä: Shakespearen luomat alkuperäiset tekstit ja apinoiden satunnaiskirjoituksella kirjoittamat jäljennökset (jäljitelmät) eli ihmisen luoma fiktio.

Kuitenkin tätä fiktiota (jäljitelmää) pidetään alkuperäisenä, sillä tarkoitushan oli todistaa, että sattumanvaraisesti voidaan synnyttää mitä tahansa (vaan ei alkusyntyä).

Alkuperäistä sen sijaan ei tarvita kuvitelma riittää, vaikka alkuperäisessä on kaikki se tieto, mitä jäljennöksen tuottamiseksi on välttämätöntä.

Kaiken kaikkiaan Shakespeare ja hänen tekstinsä kuvaavat sitä ainoaa oikeaa alkusyntyä, joka on aidosti todellinen. Jotta apinoiden, kirjoituskoneiden ja Shakespearen yhdistelmä olisi totta apinoiden pitäisi kyetä kirjoittamaan Shakespearen tekstit ilman, että Shakespearea on koskaan ollut olemassa. Apinat ovat mahdottoman edessä, niiden pitäisi luoda jotakin, mistä ei ole mitään tietoa, mitä sen pitäisi olla. Mutta ihmisellä, tämän fiktion luojalla, on kyllä hallussaan tieto siitä, mitä pitää syntyä. Ilman tätä tietoa fiktionkin luominen on mahdotonta.

Vai ajatellaanko tässä sittenkin sitä, että joku inhimillisellä ymmärryksellä varustettu olento kävi vähän väliä vertailemassa jäljennöstä Shakespearen alkuperäisiin teksteihin? Jos ei ajatella, niin mitä tässä loppujen lopuksi ajetaan takaa? Luodaan fiktio, jonka väitetään kuvaavan alkuperäistä alkusyntyä sen mallin mukaisesti, jonka fiktion luoja tietää olemassa olevaksi. Tällainen ei kerro todellisesta alkusynnystä yhtään mitään, mutta ihmisen typeryydestä sitäkin enemmän. Apinat kuitenkin työskentelevät konkreettisesti, siitä pisteet Hawkingille (ja Dawkinsille).

Samankaltaisia ovat kaikki muutkin elämän syntyyn liittyvät fiktiot. Niillä ei ole mitään todellista selitysvoimaa tai arvoa konkreettisen elämän synnyn rinnalla. Ihminen luo itselleen omalla tietoisuudellaan ja tiedoillaan näitä fiktioita. Sen sijaan todellinen alkusynty on ollut erittäin paljon vaikeampi prosessi kuin olemassa olevasta elämästä synnytetyt fiktiot.

Joka tapauksessa on selvää, että ihminen kykenee fiktiivisesti synnyttämään elämää niillä tiedoilla, joita hänellä olemassa olevasta elämästä on. Tämä on kuitenkin tietynlaista itsensä pettämistä, sillä eihän alkusynty ole voinut tapahtua olemassa olevan elämän perustalta. Elämää kun ei aina ole ollut olemassa. Tämä yksinkertainen totuus on näissä "tiedemiespiireissä" unohdettu aivan kokonaan ja keskitytty vain siihen mitä on eikä siihen, mitä ei ole ollut. Ei voi tulla muuta kuin siihen lopputulokseen, että kaikki (siis aivan kaikki) ihmisen luomat alkusyntyfiktiot ovat perustaltaan täysin valheellisia.

Tämä on kuitenkin inhimillisesti katsoen täysin ymmärrettävää, sillä mitä muuta lähtökohtaa ihmisen luomille elämän synty -teorioille on kuin olemassa oleva elämä? Mutta tämä on valitettavasti johtanut virheellisiin käsityksiin (elämää syntyy itsestään noin vain ilman järjen hiventäkään), kummallisiin spekulaatioihin (kosmos täynnä fiktiivisesti tuotettua elämää) ja kotoisen elämämme etsimiseen avaruudesta. Mitä muuta SETI-projekti on kuin ihmisen oman älyn etsimistä kosmoksesta. Se on aivan samanlaista toimintaa kuin se, että ihminen katsoo itseään peilistä, mutta peilin takana ei ole mitään.

Ei voi tulla muuta kuin siihen lopputulokseen tässä elämän syntypelissä, että sen on täytynyt syntyä tyhjästä sen tiedon perustalta, mitä tähän elämään on sitten tiedollisesti luotu. Muuten tämä yhtälö ei ole ratkaistavissa. Jos väitetään ettei elämä olekaan syntynyt tyhjästä, niin mistä se sitten on syntynyt? (Materiasta, sanoo naturalistinen viisaustohtori eli hän luo fiktion, koska materiaalista elämää on olemassa. Jos ei olisi, fiktiokin tuhoutuu).

II VIRTUAALINEN ELÄMÄ

Toiseksi käsittelen virtuaalisen elämän synnyttämistä ja virtuaalista elämää. Virtuaalisen elämän ja eliöiden synnyttäminen riippuu niistä teknisistä kyvyistä ja -taidoista, joita ihmisellä kulloinkin on. Se on illuusioiden luomista elokuvien ja tietokoneohjelmien (digitaalinen maailma) pohjalta.

Vajaassa sadassa vuodessa on kehitetty digitaalimaailma, missä melkein mikä tahansa on mahdollista. Voidaan suunnitella vaikka sellainen ohjelma tai ohjelmisto piirtäjien, valokuvaajien ym. teknisen henkilökunnan avulla, missä esitetään vaikkapa kuvitteellisen evoluution koko historia elämän synnystä moderniin ihmiseen asti. Elämän synty kuolleesta aineesta voidaan tässä digitaalisessa maailmassa kuvata niin uskottavasti, että tätä sitten pidetään todellisena kuvauksena elämän synnystä. Nämä ovat kuitenkin illuusioita, joiden perustana on tietoisesti ja älyllisesti synnytetty ohjelmisto. Näyttöpäätteen tai valkokankaan takana ei ole kuitenkaan mitään.

Elokuvallisen digitaalivallankumouksen voidaan sanoa alkaneen Steven Spielbergin "Jurassic Park" -sarjasta. Näissä elokuvissa esitettiin, kuinka ihminen herätti henkiin dinosaurusten ajan ripauksella sammakon dna:ta ja meripihkan sisälle jääneiden hyttysten imemää dinosaurusten verta. Hahmot olivat sen verran todellisia, että ne tulivat elokuvateatterissa silmille ja iholle asti. Tähän kun lisättiin vielä "yleisesti hyväksyttyä evoluutiota" ja evoluutiouskoa, niin dinot saivat myös höyhenensä ja linnuille ominaisen käyttäytymisensä. Monelle kritiikittömälle katsojalle tämä oli se lopullinen totuus dinosauruksista (jotka kaikki kuolivat sukupuuttoon 65 miljoonaa vuotta sitten, paitsi ne, jotka muuttuivat linnuiksi [R.Dawkins]. Kaikki oli kuitenkin pelkkää illuusiota, todellisuuden muokkaamista suunniteltujen ohjelmistojen ja evoluutiotarinoiden pohjalta.

Mitä ovatkaan 1930-luvun muovailusavesta luodut "King Kong" -hahmot (aikansa huipputekniikalla luodut: kameroiden ja valokuvauksen avulla synnytetyt) 2000-luvun Peter Jacksonin digitaalimaailman "King Kongiin" verrattuna? Mitä ovatkaan 1930-luvun "Muumio" -elokuvien haavakääreisiin puetut näyttelijät Stephen Sommersin digitaalimaailman muumioihin verrattuna?

Tämä kehitys johtaa ennen pitkää valitettavasti siihen, ettei näyttelijöitä tarvita kuin marginaalisiin tehtäviin. Henkilökohtaisesti jään kyllä kaipaamaan esimerkiksi 1950-luvun laatuelokuvia, joita mm. A. Hitchock ohjasi. Esimerkiksi "Rear Window" elokuvassa jännitys saatiin synnytettyä huippuunsa hyvin vaatimattomilla tehokeinoilla: James Stewart vain tuijotti naapuritaloa, missä hän epäili jonkin asukkaan murhanneen toisen.

Sitten tulee vielä digitaaliperusteinen pelimaailma, mikä "koukuttaa" erityisesti lapsia ja lapsenmielisiä. Tämä pelimaailma saa kuvitellun ja todellisuuden rajan häviämään, jos ei nyt aivan kokonaan, niin ainakin suurelta osin. Kun lapsuudessani aseistukseen kuuluivat muovi- ja puupyssyt, parhaimmillaan villin lännen revolverit, niin nykyään digitaalisessa pelimaailmassa voi käydä läpi vaikka koko toisen maailmansodan yhdeltä istumalta. Normaalia näissä peleissä on ns. "pahisten" likvidointi automaattiasein. Ennen käytettiin leikeissä mielikuvitusta, nyt mielikuvitus on sisäänrakennettu tietokoneeseen ja niihin peleihin, joita koneisiin voi syöttää.

Onko tämä pelaaminen jotenkin turmiollista lapsille? Jos pelaaminen kielletään tai sitä rajoitetaan, aina löytyy kuitenkin kaveri, jolla nämä pelit ja vehkeet ovat hallussa. Käsittääkseni pelaamisen vahingollisuus tai vahingoittamattomuus riippuu yksilöstä ja hänen ympäristöstään, perheestään, ystävistään jne. Olipa pelimaailma olemassa tai ei, tasapainoisesta perheestä tulee tasapainoisia lapsia.

III ELÄMÄN KOPIOIMINEN

Seuraavaksi nostan esiin vielä yhden elämän syntyyn liittyvän mallinnuksen, jolla ei kuitenkaan ole juurikaan tekemistä varsinaisen alkuperäisen alkusynnyn kanssa. Tässä spekuloidaan todellisen, olemassa olevan elämän kanssa. Tämä ei ole edes fiktiivistä luomista, vaan se on fiktiivisen ja reaalisen elämän synnyttämisen välimaastossa. Se on yritys kopioida olemassa olevaa elämää.

Tässä prosessissa on tarkoitus synnyttää alkuperäisestä kopio, minkä pitäisi, ainakin teoriassa olla hyvin paljon helpompaa kuin mitä on alkuperäisen synnyttäminen (alkusynty lienee kaikkein vaikein tapahtuma, mitä maapallolla on koskaan tapahtunut). Alkuperäinen synnytetään tyhjästä ja kopio alkuperäisestä.

Elämän kopioiminen on ollut aika vaikeaa jo alusta asti. Tähän kun lisätään vielä se, ettei kopioimisessa saa käyttää muita materiaaleja kuin niitä, jotka ovat kuollutta ainetta (biologispohjaisia ei saa käyttää). Toisin sanoen hiekasta, sorasta, vedestä ja UV säteilystä lisättynä sähkönpurkauksilla pitäisi pyrkiä rakentamaan toimivaa elämää, elollinen solu eli olemassa olevan elämän kopio. Lisäksi tämän kopioimisen olisi tapahduttava ohjaamattomasti, jotta olosuhteet vastaisivat jotakuinkin todellisuutta. Kuitenkin esimerkiksi kuuluisat Millerin kokeet olivat aika ponneton yritys luoda kuolleesta aineesta elävän solun kopiota. Kuolleen aineen muuttaminen eläväksi soluksi vaatii niin monta erilaista vaihetta, ettei se aivan helppoa ole nyt eikä tulevaisuudessa

On tietysti myös mahdollista käyttää valmista orgaanista materiaalia, mutta tämä on liian kaukana niistä todellisista olosuhteista, joissa elämä syntyi. Tälläkään tavalla ei ole saatu aikaiseksi jonkin eliön kopiota, mikä on kummallista, sillä tässä asiassa tiedemiehellä on käytettävänään oman älynsä lisäksi valmis eliön malli. (Tällaisia tiedollisia elementtejä ei tiedottomalla, materiaalisella, kuolleella luonnolla ole käytettävissään).

Tosiasia kuitenkin on, että elämän kopioiminen ei ole sen synnyttämistä. Jos kopioin Charles Bukowskin "Postitoimisto"-teoksen sana sanalta, lause lauseelta ja sivu sivulta, en ole tämän kirjan todellinen tekijä, vaan se on edelleenkin Bukowski.

Kopioimisella on hyvin vähän tekemistä alku-synnyn kanssa. Ainoa asia, joka niitä yhdistää on konkreettinen toiminta, vaikkakin vain hyvin rajoitetussa mielessä.

IV JÄRJETÖN ELÄMÄN SYNTY

Näiden lisäksi on vielä olemassa sellaisten tiedemiesten osasto, missä ei osata tehdä eroa elävän ja kuolleen välille. Otan vain yhden esimerkin: "Kuolleella ja elävällä ei ole periaatteellista eroa." (Sanamuoto ei ole aivan täsmällinen, mutta periaate ja tarkoitus on). Käytännössä tämä tarkoittaa sitä, että pelkät fysiikan ja kemian lait riittävät erottamaan kuolleen ja elävän toisistaan. Nämä tiedemiehet yksiselitteisesti väittävät ettei muuta tarvita kuin vain fysiikkaa ja kemiaa, elämän perustana olevaa informaatiota he kiertävät kuin kissa kuumaa puuroa.

Todellisuudessa tämä merkitsee sitä, että silloin kun olet kuollut, oletkin periaatteessa elävä ja silloin kun olet elävä, olet periaatteessa kuollut. Silloin olemme sekä eläviä että kuolleita ikuisuudesta ikuisuuteen. Tämä on tietysti mahdollista vampyyreille (mikäli niitä on olemassa) ja eräille panteistifilosofeille, mutta ei inhimilliselle ihmiselle.

Että tällaisia viisauksia. Jos joku järjellinen peruste on saanut ns. "tiedemiehen" tällaisiin ajatuksiin, niin nämä pitäisi viedä tikun nokassa järjettömyyksien kaatopaikalle, jotta tällainen saasta ei leviäisi vielä järjissään olevien joukkoon sekoittamaan ajattelua lopullisesti. Tällaiset ajatelmat ovat niin idioottimaisia, että Wolfgang Paulia lainatakseni: "Ne ovat niin huonoja, etteivät ole edes väärin" Itseasiassa ne ovat paljon pahempaa: totaalista mielipuolisuutta.

V KONKREETTINEN ELÄMÄN SYNTY

Jäljellä on enää konkreettisen alkusynnyn analyysi. Ihmisen fiktiivisesti luomat elämän synty - teoriat ovat poikkeuksetta järjettömiä ja vajavaisia (ne ovat pelkkää mielikuvituksen leikkiä). Ne ovat täysin riippuvaisia olemassa olevasta elämästä eikä konkreettinen elämä (alkusynty) ole voinut syntyä mistään valmiista elämästä. Vain täydellisillä (mentaalisilla) tiedoilla ja täydellisellä suunnittelulla voidaan synnyttää konkreettisesti täydellistä elämää. Milloin elämään liittyvät tiedot ja suunnittelu ovat sitten täydellisiä? Tietysti silloin, kun meillä on olemassa elossa oleva eliö.

Aikoinaan luonnonteologi Paley todisteli Luojan olemassaoloa maastosta löydetyn kellon avulla. Paley erotti kellon muista luonnon olioista, ja todisteli kellon, hyvin oivaltavasti, olevan suunnittelun tulosta. Suunnittelu on tietysti hyvin tärkeä elementti elämän alkusynnyssä, mutta korostan: vain yksi elementti. Lisäksi suunnittelu on syytä jakaa kahteen osioon: inhimilliseen ja yli-inhimilliseen. Inhimillisessä suunnittelussa tapahtuu jatkuvasti virheitä: lentokoneita tippuu (onneksi todella harvoin, sillä pelkään lentämistä), taloja romahtaa, sotilasteknologia tuottaa sekundaa jne. Olen myöskin omakohtaisesti suunnitellut kaikenlaista ja suurin osa näistä "suurista suunnitelmista" on epäonnistunut. Tuloksena on tullut painokelvotonta tekstiä.

Mitä Paleyn kello on nykyisten gps-kellojen rinnalla? Vanhaa romua. Yli-inhimillinen suunnittelu on sen sijaan täydellistä. Evolutionistit ovat etsineet eliöistä suunnitteluvirheitä, mutta nämä oletetut virheellisyydet ovat kumoutuneet yksi toisensa perään lähinnä kreationistien toimesta.

Koska kaikki ihmisen kehittämät elämänsynty – teoriat perustuvat olemassa olevaan elämään (muuta perustaa ei yksinkertaisesti ole), niillä ei ole mitään tekemistä todellisen, sen ainoan ja alkuperäisen elämän synnyn kanssa. Koska ennen elämän syntyä ei ole ollut olemassa mitään "olemassa olevaa elämää" niin todellinen ja ainoa mahdollinen elämän syntytapa on syntyä tyhjästä, ei olemassa olevasta ja tämän prosessin on täytynyt olla tietoinen ja tiedollinen, muuten se ei onnistu. Jos ei ole mitään tiedollista toimintaa elämän synnyttämiseksi, sitä ei myöskään silloin synny, ei edes ikuisuudessa.

Ero fiktiivisen ja todellisen alkusynnyn välillä on valtava. Fiktiivinen tuottaa illuusioita ja fiktioita olemassa olevan elämän perustalta ja todellinen tuottaa konkreettisesti elävän eliön tyhjästä, ei mistään luomalla kaiken elämälle välttämättömän alusta loppuun asti sellaisella yli-inhimillisellä älykkyydellä, jota on mahdotonta ymmärtää. Ihminen on tekemisissä sellaisten voimien ja älykkyyden kanssa, joita inhimillisen ihmisen on mahdotonta käsittää tai käsitellä. Näihin voimiin ihminen voi vaikuttaavain rukouksella, mutta näitä voimia hän ei voi hallita.

Inhimillinen olento synnyttää elämää kuvitelmissa ja yli-inhimillinen voima todellisuudessa. Näitä päinvastaisilla tavoilla synnytettyä elämää yhdistää vain se, että kyseessä on sama elämä, kuvitteellisesti synnytettynä reaalisen elämän perustalta ja aitona ja alkuperäisenä reaalisesti synnytettynä.

Voin kuitenkin yrittää ymmärtää, tietysti vain fiktiivisesti, tätä alkusyntyä niiden välttämättömyyksien pohjalta, joita elävään eliöön tarvitaan. Ajattelen, että on olemassa tasasivuinen kolmio, missä jokaisessa kulmassa on yksi välttämätön tehtävä: ensimmäisessä kulmassa luodaan mentaalinen tieto (informaatio) elämästä, ja tietysti tyhjästä. Toisessa kulmassa eliö suunnitellaan tämän tiedon perusteella (mahdollisimman joustavaksi eri elämän tilanteita varten eli epigeneettiset säännöt). Kolmion kärjessä tiedot ja suunnittelu konkretisoidaan eläväksi eliöksi (luultavasti vaikein osio). Tämä voi olla kokonaisvaltainen prosessi, missä nämä tehtävät menevät limittäin tai ristiin toistensa kanssa. Joka tapauksessa ON PÄIVÄN SELVÄÄ, ETTÄ KUN IHMISENKIN FIKTIIVISESTI LUOMAT ELÄMÄN SYNTY -TEORIAT OVAT TIETOISEN JA TIEDOLLISEN AJATTELUN SEKÄ TOIMINNAN TULOSTA, NIIN SITÄ ON TIETYSTI MYÖSKIN KONKREETTISESTI TAPAHTUVA, TYHJÄSTÄ SYNNYTETTY ELÄMÄ.

Tässä on nyt se "maailman hienoin esitys" ja samalla vastaus tohtori Dawkinsille: kukaan ei tiedä. Nyt tiedetään ja sillä hyvä. Jumala (Korkein voima tai miksi kukin haluaa häntä kutsua) on siis välttämättä olemassa, ei siis ehkä, vaan välttämättömästi.

Näissä ihmisen luomissa elämänsynty teorioissa mentiin vikaan jo alusta alkaen. Ne perustuivat ja perustuvat olemassa olevasta elämästä synnytettyihin fiktioihin. Mutta fiktiot eivät ole mitään konkreettista elämän synnyttämistä, pelkästään kuvitteellista kuten jo termi "fiktio" itsessään kertoo.

Toisaalta inhimillisellä ihmisellä ei ole ollut muuta mahdollisuutta kuin nojautua olemassa olevaan elämään, ja tuloksena on ollut paitsi filosofinen niin osin myös tieteellinen katastrofi.

Ihminen on ajattelukykynsä ja olemassaolonsa vanki ja orja, joten olemattoman tai ei-olevan käsite on hänelle liian vaikea ymmärrettäväksi. Tämän takia hänen kuvitelmansakin ovat sidoksissa olemassa olevaan: ufo-oliot muistuttavat ihmistä silmineen, nenineen, suineen ja ruumiineen. Toisaalta on äärimmäisen helppoa sanoa, ettei ole olemassa mitään, mutta todella vaikea käsittää mitä sellainen konkreettisesti tarkoittaa. Ei-oleva on tosiasiassa kaiken mahdollisen negaatio, jopa oman itsensä. Parhaiten tätä voi kuvata sellaiseksi negaatioksi, minkälaiseksi ihminen koki itsensä vaikkapa tuhat vuotta ennen syntymäänsä. Jos tätä ymmärretään edes hiukan, voidaan tajuta, että ilman ulkopuolista puuttumista asioihin tämä negaatio ei muutu miksikään.

Koska konkreettinen elämän synnyttäminen on lähtenyt tyhjästä, olemattomasta ja ei - olevasta, niin silloin se on täytynyt luoda alusta loppuun asti niillä tiedoilla ja sillä informaatiolla, jotka on tyhjästä synnytetty. Tähän ei pysty mikään muu kuin sellainen, tietoinen olento, jolla on tähän tarvittavat tiedot ja kyvyt hallussaan ja hallinnassaan, muuten prosessi on täysin mahdoton toteutettavaksi (edes fiktiivisesti).

Näiden syiden johdosta loppupäätelmäni on, ettei materialismilla tai naturalismilla ole enää mitään tiedollista tai järjellistä perustaa, se on peruuttamattomasti romahtanut sekä filosofisesti että luonnontieteellisesti. Jumala on täysin välttämätön tekijä elämän synty -ongelman ratkaisemiseksi

2. ESSEE: MONIMUOTOINEN MATERIALISMI

Miten tähän on tultu? Kuolleesta aineesta on tehty jumala, jonka voimista kaikki on saanut alkunsa. Vaikka tämä jumala on tiedoton ja olemassaolostaan tietämätön, aina antiikista alkaen tästä jumalasta on pyritty muokkaamaan sellaista, joka selittäisi kaiken. Ihminen haluaa olla se ainoa tekijä koko maailmankaikkeudessa, joka voi ratkaista olemassaolon peruskysymykset tekemällä aineesta kaikkivoivan jumalansa, syynä ilmeisesti on ihmisen hybris.

Sielulliselle jumalalle tai sielullisille jumalille ei tässä luonnonfilosofisessa materialismissa pitänyt antaa minkäänlaista valtaa ihmisen yli. Oli vain elotonta ainetta ja ihmisen kyvyt ja kuvitelmat. Tässä kuitenkin unohdettiin se tosiasia, että kun kaikki perustuu vain elottomaan aineeseen, niin silläkin on joku oma perusta ja tämä perusta on kuolema. Kuolema on materialisteille se luova voima ja olemassaolon ydin. "Ollakko vai eikö olla?" kyseli Tanskan prinssi Hamlet tuijottaessaan pääkalloa.

Materialismi kuitenkin joutui jo alunperinkin suuriin vaikeuksiin pyrkiessään selittämään kaiken mahdollisen elottoman aineen pohjalta, ja tämän seurauksena jouduttiin valheiden ja kuvitelmien kierteeseen.

I ANTIIKIN MATERIALISMI

Antiikin aikana oli useampikin materialistifilosofi pyrkinyt luomaan jonkinlaisen hahmotelman todellisuudesta. Esimerkiksi Demokritos oli läpikotainen materialisti, hänen käsityksensä mukaan sielu oli koostunut atomeista (täysin erilaisia kuin nykyisen atomiteorian atomit) ja ajatus on fyysinen tapahtuma (aivokuvauksessa siis näkyy kaikki ajatukset, joita kuvattava ajattelee). Kaikkeudessa ei ole mitään tarkoitusperää, oli vain mekaanisten lakien vallitsemia atomeita (B. Russell). Tämä kuvitelma sortuu omaan näppäryyteensä, sillä eihän Demokritoksella ollut mitään todisteita siitä, että asiat ovat juuri niin kuin hän sanoi (konkretia puuttui). Kyllä maailmaan kertomuksia ja tarinoita mahtuu, mutta ovatko ne sitten todellisia tai totuudellisia on täysin eri asia.

Materialistin ei myöskään tarvinnut pelätä kuolemaa, olihan se hänen synnyttäjänsä. Epikuros: "Kuolema ei ole meille mitään, siinä näet, joka on hajaantunut, ei ole aistimuksia, ja se mistä puuttuu aistimuksia, ei ole meille mitään."

Koska Demokritokselle ja muillekin materialisteille kuolema on luova voima, niin ihmisen kuolemassa vain palataan lähtökohtaan, kuoleman turvalliseen syliin ja sen luovien voimien luokse.

Tosin Epikuros uskoi jumalien olemassaoloon, koska jumalien ideat ovat olemassa niin monien ihmisten mielissä, mutta nämä jumalat olivat täysin voimattomia, eivätkä puuttuneet ihmisten asioihin, eivätkä mihinkään muuhunkaan. Aineellisuus on primus motor.

Muitakin materialisteja antiikin Kreikasta tietysti löytyi, otan kuitenkin vain yhden esimerkin: Empedokleen. Hänen mukaansa maailmassa tapahtuvia muutoksia ohjaa sattuma ja välttämättömyys, vain elementit ja rakkaus ovat ikuisia (vrt. J. Monod). Hän esitti myös teorian evoluutiosta ja ympäristöön parhaiten sopeutuvien eloonjäämisestä. Oliko Empedokles aivan materialismin ytimessä, sitä on vaikea sanoa, sillä hänen katsottiin legendojen mukaan, tehneen ihmeitä. Mm. Empedokles oli herättänyt eloon naisen, joka oli näyttänyt olleen kuolleena kolmekymmentä päivää.

Mikä sai antiikin kreikkalaiset, aikansa sivistynein kansa, luomaan näitä materialistisia teorioita? Luultavimmin sen takia, että heidän jumalansa olivat hyvin vajavaisia ja inhimillisiä, joita kohtalo ohjasi, kuten ihmisiäkin. Kreikkalaisten jumalat olivat pelkkiä kuolemattomia ihmisiä intohimoineen, petoksineen ja moraalisine vajavaisuuksineen. Vaikka ihminen on luonnostaan uskonnollinen olento, niin tällaisiin Homeroksen luomiin jumaluuksiin uskominen terveen järjen perustalta on todella vaikeaa. Jäljelle jäivät vain uskonnolliset rituaalit, joissa osoitettiin kunnioitusta lähinnä kaupunkivaltiolle, ei niinkään jumalille. (Aivan kuten nykyäänkin, maalliset valtarakenteet ovat syrjäyttäneet Pyhän Jumalan. On Pyhää Venäjää jne). Niille, jotka kaipasivat elämäänsä hengellisyyttä, saivat sitä sitten mysteeriuskontojen riiteistä ja rituaaleista (esim. Dionysios-kultti).

Tietysti materialistisia oppeja on esiintynyt vähän joka puolella maailmaamme, myöskin uskonnolliseen asuun puettuna. Tämä materialismin muoto onkin kaikkein eksyttävin, sillä se sekoittaa kuolleen ja elävän, tekee tiedottoman tietoiseksi, antaa kuolleelle elävän voimat, tekee päämäärättömän päämääralliseksi ja tekee tarkoituksettoman tarkoitukselliseksi. Tämä materialismin muoto esiintyy lähinnä panteismina, jonka filosofeihin ja filosofiaan palaan myöhemmin.

II USKONNOLLINEN MATERIALISMI

Uskonnoksi naamioitunut materialismi usein kiistää varsin yksiselitteisesti Korkeimman voiman olemassaolon. Nämä ns. uskonnot ovat filosofisia oppijärjestelmiä, jotka joku "suuri opettaja" on luonut. Esimerkiksi persoonallisen Jumala-käsitteen täydellinen puuttuminen kiinalaisten henkisestä maailmasta muodosti jesuiittojen lähetyssaarnaajille visaisen ongelman, kun heidän oli käännettävä Deus-sana Kiinan kielelle (esim. A. Toynbee). Kiinalaisten elämänfilosofia on kungfutsealaisuus, jonka tarkoituksena on lähinnä yhteiskunnallinen hyvinvointi, koska mitään sielullista tai henkistä jumaluutta ei voida tunnistaa olemassa olevaksi (poislukien ehkä esi-isien henget), joten tällöin olemassaolon täytyy perustua ensisijaisesti materiaalisiin syihin, ei sielullisiin.

Buddhalaisuus on myöskin vaikutusvaltainen filosofinen oppijärjestelmä, jonka tarkoituksena on vapauttaa ihmiset kärsimyksistään. Tarkoituksena on erilaisia metodeja käyttämällä (mietiskelyä jne.) päästä nirvanaan, täydelliseen autuuden tilaan, mikä on kaikista kärsimyksistä vapautumista. Buddhalaisuus ei ole puhtaasti materialistinen oppijärjestelmä, mutta koska se ei tunnusta Pyhää, yli-inhimillistä Jumalaa olemassa olevaksi, niin silloin olemassaolon perustan täytyy olla aineellinen. Buddhalaisuus on henkinen, ei hengellinen oppijärjestelmä.

III PANTEISTINEN MATERIALISMI: ERIUGENA JA SPINOZA

Käsittelen seuraavaksi panteistisia filosofeja ja panteismia, jotka tekevät kuolleesta elävää ja sijoittavat tietoisuuden kuolleeseen aineeseen.

Jo skolastiikan aikana oli olemassa näitä panteisti-materialisteja, joiden tarkoituksena ei ollut mikään muu kuin eksytys. Kuitenkin, kun maailmankatsomus oli yleisesti ottaen kristillinen, niin näiden panteisti - materialistien täytyi salakuljettaa oppinsa kristillisiin kehyksiin tai Jumala-uskoon puettuna.

Skolastiikan aikakaudelta on peräisin yksi tärkeimmistä materialisti-panteisteista: Johannes Scotus Eriugena, irlantilainen uusplatonikko, täydellinen kreikkalainen oppinut, pelagiolainen (ts. harhaoppinen) ja panteisti (mm. Russell).

Materialistinen vyörytys aloitetaan varovasti, mutta tehokkaasti: järki on ylempänä kuin usko (eli erehtyväinen, inhimillinen ihminen päättää sen mikä on totta ja mikä taas ei) Eriugena tahtoi sanoa, ettei mikään usko ole järkiperäistä, vaan itseasiassa järjetöntä. Ajattelikohan samoin omasta uskostaan?

Tämän perusteella hän väittää, etteivät järki ja

ilmoitus voineet olla ristiriidassa keskenään. Tämä on tietysti sinänsä totta, mutta naturalistille tai materialistille ei ole olemassa muuta kuin järjellä ymmärrettävät luonnonlait, joten niiden kumoutuminen ilmoituksen avulla on mahdotonta. Jumalallinen ilmoitus (tai ns. ihmeet) on usein luonnonlakien kumoutumista ja jopa luonnonlaeista riippumatonta. Jumala voi siten puuttua järkiperusteisiin luonnonlakeihin oman tahtonsa mukaisesti. Jos inhimillinen järki asetetaan Jumalan yläpuolelle, niin luonto on kaikki se todellisuus, mitä olemassa on, eikä ihmeitä ole. Jumalasta tulee aineen marionetti ja muuttuu itsekin pelkiksi luonnon luonnollisiksi voimiksi.

Eriugena sisällyttää "luontoonsa" sekä sen, mikä on, että sen, mikä ei ole. Toisin sanoen luonto on kaikki se, mitä on ja kaikki se, mitä ei ole. Luonnossa on kaikki se, mikä on kuviteltavissa ja mikä on välttämätöntä ja myöskin kaikki se, mikä ei ole kuviteltavissa ja vielä kaikki se mikä on kontingenttia (satunnaista). Tämä on täydellinen naturalistinen kuvaus maailman materiasta ja sen luontaisesta olemuksesta ja kyvyistä (se on aivan kaikki, totaliteeetti).

Koko luonto jakautuu neljään luokkaan: Ensimmäiseksi siihen, mikä luo eikä ole luotu; toiseksi siihen mikä luo ja on luotu; kolmanneksi siihen mikä on luotu, mutta ei luo ja neljänneksi siihen mikä ei luo eikä ole luotu. Ensimmäinen on ilmeisesti Jumala eli maailmanmateria, toinen on luultavasti platoniset ideat, jotka ovat jumalasta, kolmas on oliot avaruudessa ja ajassa ja neljäs, kuten odottaa sopii, on jumala, ei luojana, vaan kaikkien olioiden loppuna ja tarkoitusperänä.

Kaikki mikä emanoituu jumalasta, pyrkii palaamaan häneen, siten kaikkien (huom. kaikkien) olioiden loppu on sama kuin niiden alku. Reaalisesti tämä tarkoittaa sitä, että kaikki se, mikä aineesta on syntynyt palaa takaisin aineeseen, sielua ei edes mainita. Tällaiselle perustalle nojaava ajattelu on kirjoittajan oman mielikuvituksen tuotetta, jonka taustalla on vankka materialistinen maailmankatsomus.

Jatkoa seuraa: Eriugena väittää, että Jumalan olemus on tietämätön ihmisille sekä enkeleillekin. Tässä kumotaan koko Raamatun ilmoitus. Itselleenkin Jumala on tietymätön: "Jumala ei tunne itseänsä, mitä hän on. Hän on käsittämätön itselleen ja jokaiselle intellektille." Tässä ei ole enää kysymys mistään persoonallisesta Jumalasta, vaan sen vastakohdasta: persoonattomasta substanssista, maailmanmateriasta ja tiedottomasta, mutta silti luovasta aineesta.

Eriugenan mukaan olioiden olemisessa voidaan nähdä jumalan oleminen, niiden liikkeessä hänen elämänsä. Hänen olemisensa on isä, hänen "viisautensa" poika. Hänen elämänsä "pyhä henki" Maailmanmaterian tiedoton toiminnallisuus puettiin tässä kristillisen uskon väljähtyneeseen kaapuun. Aineellisten olioiden oleminen on jumalan olemista, niiden liikkeessä on jumalan elämää. Tämä hyvin abstrakti materiasubstanssi jaettiin vielä pyhän triadin (meille pyhän, ei Eriugenalle) kesken niin, ettei jää epäselväksi, että tämä kolmikantainen "persoonallisuus" on pelkkää harhakuvaa ja todellisesta Jumalasta synnytettyä illuusiota.

Eriugenan tarkoitusperät eivät jää epäselviksi, kun hän kirjoittaa, ettei jumalalla ole vastakohtaa. Kun sanotaan, että Jumala loi maailman tyhjästä (kuten asia on) niin Eriugenan mielestä tämä tyhjä on ymmärrettävissä itse Jumalaksi. Kuten kirjoitin "Elämän synty" -esseessäni on helppo sanoa, ettei mitään ole, mutta sitä on todella vaikea ymmärtää, koska ihminen on sidottu olemassaoloonsa ja tämän ulkopuolelle meneminen on lähes mahdotonta. Vain jonkinlainen vihje voi auttaa ymmärtämään tätä: ts. minkälaisena ihminen tunsi olemassaolonsa tuhat vuotta ennen syntymäänsä ja tässä "tilassa" siis kaiken mahdollisen negaatiossa on kaikki ollut, poislukien sielullinen ja persoonallinen Jumaluus. Persoonallinen Jumala on tässä tehty työttömäksi, pelkkä tyhjyys riittää jumalaksi, ei-mikään on Eriugenan jumala. Ei-mistään syntynyt aine on ei-mistään kotoisin olevan jumalan

työtä. Mutta miten pelkkä tyhjyys voi olla reaali-
maailmassa kaiken luoja, eihän se tunnista itseään-
kään, koska se on ei-mitään, eikä sitä ole olemassa
millekään subjektille? Joka tapauksessa Eriugenan
mukaan tyhjyys tuottaa itsestään kosmoksen ja
elottoman maaailmanmaterian, mistä sitten syntyi
kaikki se, mikä on meillekin todellista. Tässä pro-
sessissa Jumala on itseasiassa kaiken tiedon tuolla
puolen, koska se on pelkkä tyhjyys. Tämä ei ole mi-
tään muuta kuin Eriugenan oman mielikuvituksen
tuotetta ja leikkiä, jonka tarkoituksena oli tuottaa
kaikenkattava selitys olemassaolon peruskysymyk-
siin materialistiselta perustalta.

Lopuksi Eriugena väittää, että paha on ei-ole-
vaa (kuten hänen jumalansakin on) eikä sillä ole
perustetta, jos sillä olisi peruste, olisi se välttämä-
töntä. Pahaa ei siis todellisuudessa ole olemassa,
se on vain jonkinasteista harhaa, jos edes sitäkään.
ihminen ei olekaan syönyt hyvän ja pahan tiedon
puusta, vaan lähinnä hän on enkelin veroinen
olento, kuten maailmanhistoria niin vakuuttavasti
tämän todistaa.

Eriugena kauppasi materialismiaan uskonnol-
liseen pukuun puettuna (keskiajan materialistien
on melkeinpä pakko toimia näin) Panteismi joh-
taa kuitenkin vain siihen, että panteisti antaa omat
tiedolliset ja taidolliset kykynsä aineelle, jonka
panteisti voi sitten mielikuvituksessaan muovata

millaiseksi haluaa. Millaiset kyvyt tämä materia-jumala sitten saa, riippuu pitkälti siitä millainen tietotaso panteistilla on materiasta.

Eriugenan lisäksi on ollut muitakin tunnettuja ja varteenotettavia panteisteja, mutta otan esille vain yhden, kaikkein tärkeimmän eli Baruch Spinozan. Lyhyehkön elämänsä aikana hän sai sotkettua filosofian näennäistieteellisillä kirjoituksillaan niin pahasti, että hänen vaikutuksensa on valitettavasti säteillyt tähän päivään asti. Hänen ateisminsa ja materialisminsa on se voima, joka edelleenkin vaikuttaa materialistifilosofien keskuudessa. Erityisesti marxilaiset dialektiset materialistit (esimerkiksi Evald Iljenkov) ovat saaneet paljon vaikutteita Spinozalta.

Joka tapauksessa Spinoza onnistui sotkemaan aineen ja hengen toisiinsa sillä tuloksella, että kuolleesta aineesta tuli jumala ja jumalasta kuolema. Tämä jumala toimii sitten deterministisesti, ilman vaihtoehtoja.

Ei ihme, että häntä pidettiin kauhean pahana miehenä. Hänet myös kirottiin kaikilla viidennen Mooseksen kirjan kirouksilla (Spinoza oli juutalainen). Koska kyseessä oli uskonnolliseen pukuun naamioitunut piinkova ateisti, niin hän tuotti myös Raamatun kritiikkiä (Tractatus-theologico-politicus) yhdistyneenä poliittiseen teoriaan.

Spinozaa yhdistää modernin teologian opetuksen (lähinnä luterilaisen) kanssa se, että hän pyrki osoittamaan, että Raamattua voidaan tulkita niin, että se on sopusoinnussa liberaalin teologian kanssa, eli Raamattu ilman ihmeitä, ilmestyksiä tai ilmoituksia. Hänen mielestään valtion on ratkaistava uskonnolliset kysymykset eikä uskovaisten.

Spinozan pääteos on "Etiikka", missä hän omaksui Descartesilta ja aikalaisiltaan materialistisen ja deterministisen fysiikan ja koetti sen puitteissa löytää sijaa hurskaudelle ja itse keksimälleen jumalalle omistetulle elämälle. Häntä ei kuitenkaan suuresti rasittanut moraalinen vakavuus.

Spinozan metafyysinen järjestelmä on jatkoa panteisti Parmenidekselle: on vain yksi substanssi, toisin sanoen jumala eli luonto, mikään äärellinen ei ollut itsessään olevaa.

Ajattelu ja ulottuvaisuus ovat kumpikin tämän "jumalan" attribuutteja, koska hänen täytyy olla joka suhteessa ääretön ja hänellä voi olla vielä ääretön määrä muita attribuutteja, mutta näistä muista meillä ei ole tietoa. Tässä Spinoza huijaa: mikään substanssi ei ajattele, ellei se ole tietoinen, eikä ainesubstanssi itsessään ole tietoista, se on elotonta ja kuollutta. Mutta panteisti voi kertoa ja kirjoittaa melkein mitä tahansa, vain oma kuvittelukyky on rajana. Kuitenkin jotkut voivat jopa uskoa tällaiseen filosofiseen sotkuun.

Aivan kuten aidot materialistit väittävät niin myös Spinoza uskoo, ettei voi olla olemassa sellaista persoonallista kuolemattomuutta mihin kristityt uskovat, vaan vain sellainen ei-persoonallinen kuolemattomuuden laatu, joka on siinä, että ihminen yhtyy enemmän "jumalaan" Tämä tarkoittaa kaikessa toivottomuudessaan sitä, että perustaltaan kuolleesta aineesta syntynyt palaa takaisin kuolleeseen aineeseen, välissä on vain hyvin pieni pätkä tarkoituksetonta elämää. Tämän "ilon filosofin" spekuloinnit ovat hyvin surullista luettavaa, vaikka ilon pitäisi olla yksi "jumalan" äärettömistä attribuuteista.

Voi olla ainoastaan yksi olevainen, joka on täysin positiivinen. "Hänen" täytyy olla absoluuttisesti ääretön. Sitten Spinoza joutuu täydelliseen sekasotkuiseen panteismiin, koska olipa tämän taustalla sitten luova luonto tai pelkkä eloton aine, ei niitä pystytä mitenkään erottamaan toisistaan. Toinen luo ja toinen on ja ne ovat kuitenkin yhtä. Kun tähän sekahedelmäsoppaan lisätään vielä Spinozan oletus ajattelusta aineen attribuuttina, niin tuloksena on epäolio, missä on kaikki, mutta todellisuudessa vain Spinozan luoma fiktio hänen tietoisuudellaan varustettuna.

Tämän epäolion toiminta määräytyy sitten deterministisesti, ei ole mitään vapaata luomisen aktiivisuutta, vaan pelkästään "jumalan" determinististä liikettä. Spinozan yksinomainen tarkoitus näyttää olleen se, että ihmisten mielistä häviää usko vapaasti toimivaan, tietoiseen ja sielulliseen Jumalaan.

Spinozan determinismi menee niin pitkälle kuin se suinkin on älyllisesti mahdollista. Kaikkea hallitsee looginen välttämättömyys. Ei ole mitään vapaata tahtoa (vapaalla tahdollaan Spinoza nämä kirjoituksensa kuitenkin loi) henkisellä alueella eikä sattumaa fyysisellä alueella. Tästä tietysti seuraa, että tahdoton ihminen on jonkin asteinen elävä kuollut, jonka sekasikiömäinen substanssi on determinoinut itsensä osaksi.

Kaikessa, mitä tapahtuu, ilmenee "jumalan" tutkimaton luonto, ja on loogisesti mahdotonta, että tapahtumat voisivat olla muuta kuin mitä ne ovat. Tämä on johtanut Spinozan vaikeuksiin käsiteltäessä syntiä, koska kaikki "jumalan" säätämä on hänen mukaansa hyvää. Spinoza voi kuitenkin väittää, että ns. "paha" on substanssin välttämätön osa, joka onkin itseasiassa "hyvää"

Tällaisella silmänkääntötempulla tämäkin ongelma voidaan lakaista niin sanotusti "maton alle". Spinozan mukaan negaatio on olemassa vain äärellisille olioille. "Jumalassa" ts. itsessään ristiriitaisessa epäoliossa, joka yksin on täysin reaalinen, ei ole negaatiota, ja siitä syystä paha siinä, mikä meistä näyttää synniltä ei ole olemassa, kun niitä katsellaan kokonaisuuden osina. Käytännössä tämä tarkoittaa, ettei edes kansanmurha ole mikään synti, vaan vain pieni osa synnitöntä "jumala-substanssia" Spinozahan kieltää tahdon vapauden, joten on selvää, että ihmisen aiheuttama paha kuuluu välttämättömänä osana kokonaisuuteen, joka on jo itsessään täydellistä hyvää. Näin paha ja pahuus on saatu katoamaan näkyvistämme.

Spinoza pyrki olemaan mahdollisimman tieteellinen, joten etiikka on esitetty Eukleideen tyyliin: siinä on määritelmiä, aksiomeja ja väittämiä, kun aksioomat on esitetty, kaikki otaksutaan todistetuksi deduktiivisen argumentin avulla. Periaatteena on: kaikki voidaan todistaa (olivatpa nämä sitten premissit melkein mitä tahansa).

Spinozan mielenliikutusteorian mukaan ihmissielulla (Spinozan sielukäsite voi kyllä olla melkein mitä tahansa vaikka vain osa determinoitua kokonaisuutta) on adekvaattia tietoa "jumalan" ikuisesta ja äärettömästä olemuksesta. Siis substanssista missä on sekoitettuna kaikki mahdollinen yhdeksi ainoaksi olemassaoloksi.

Spinozan "psykologia" on täysin egoistista: "Joka kuvittelee vihaamansa tuhoutuvan, se iloitsee", ja edelleen: "Jos kuvittelemme jonkun nauttivan jotakin, minkä vain yksi voi saada omakseen pyrimme toimimaan niin, ettei toinen saa sitä omakseen." Spinozan deterministisesti ohjelmoitu ihmisolio, substanssin pikkiriikkisenä osana, rakastaa vain itseään ja huolehtii ainoastaan itsesäilytyksestään:

"Ei voida käsittää mitään hyvettä, joka olisi ennen tätä pyrkimystä itsesäilytykseen."

Spinozalle toivo ja pelko ovat huonoja asioita, samoin nöyryys sekä katumus: "Joka katuu jotakin tekoa, se on kaksinverroin kurja ja voimaton." Kristilliset hyveet roskiin, tilalle Nietzschen yli-ihminen sekä Stalin ja Hitler.

Kaikki se, mitä tapahtuu, kuuluu osana ikuiseen, ajattomaan maailmaan (sic!) sellaisena kuin "jumala" sen näkee. Hänelle aikamäärä ei merkitse mitään. Spinozan jumala on persoonaton, ikuinen maailmankaikkeus, mistä välttämättömyyden pakosta syntyy aivan kaikki se, mitä on. Viisas ihminen yrittää, mikäli mahdollista nähdä maailman niin kuin "jumala" sen näkee, sub specie aeternitatis, iäisyyden valossa eli kokonaisuutena, jossa kaikki on sekoittuneena keskenään välttämättömyyksien lakien mukaisesti. Mikä tulee, se tulee ja tulevaisuus on yhtä välttämättömästi määrätty kuin menneisyys. Spinoza tuomitsee toivon ja pelon; molemmat riippuvat siitä, että tulevaisuus katsotaan epävarmaksi ja ne johtuvat viisauden puutteesta.

Ihmisen pitäisi nähdä kaikki kokonaisuuden osana, ja myöskin välttämättömänä, jotta kokonaisuus olisi hyvä. Siitä syystä "tieto pahasta ei ole adekvaattia tietoa" ja "jumalalla" ei ole tietoa pahasta, koska ei ole mitään tiedettävää pahaa; pahaa näyttää olevan vain siksi, että maailman osia pidetään "itsessään olevina". Tällöin ihmisyksilölläkään ei ole mitään merkitystä tai ihmisarvoa, hän on vain tämän substanssin pieni ja merkityksetön osa; olipahan sitten elävä tai kuollut.

Spinozan mukaan hänen tarkoituksenaan oli vapauttaa ihmiset pelon tyrannivallasta, mutta hänen filosofiansa lopputuloksena oli pahan ja hyvän katoaminen substanssin välttämättömyyteen ja loputtomuuteen. Todellisessa elämässä tämä tarkoittaa sitä, että pahaa ja hyvää ei enää voida erottaa toisistaan, sillä ne ovat yhtä arvokkaita kokonaisuuden kannalta katsoen. Itseasiassa niitä ei ole edes olemassa, koska ne ovat vain välttämättömiä osia "jumala"-substanssin hyvyyttä. Spinoza: "Koska kaikki, minkä vaikuttavana syynä on ihminen, on välttämättä hyvää, ihmiselle ei voi tapahtua mitään pahaa muuten kuin ulkonaisista syistä." Ja edelleen: "Maailmalle kokonaisuudessaan ei ilmeisesti voi tapahtua mitään pahaa, koska siihen eivät voi vaikuttaa ulkonaiset syyt."

Spinoza: "Sikäli kuin ihminen on suuremman kokonaisuuden tahdoton osa (Spinoza omassa filosofiassaan on asettanut ihmisen determinoiduksi osaksi determinoitua kokonaisuutta) hän on orjuudessa, mutta sikäli kun hän on ymmärryksellään käsittänyt kokonaisuuden ainoaksi todelliseksi, niin hän on vapaa. Silloin vapaa ihminen ei ajattele mitään vähemmän kuin kuolemaa, vaan vain elämään kohdistuvaa mietiskelyä." Kun on osanen tätä kaikenkattavaa materiaalista, kuolleen kannalta katsottuna olematonta, maailmankaikkeutta, niin ihminen palautuu kuolemassa siihen, tietämättä edes sitä, että on joskus elänyt. Kuolemaahan ei tietystikään ole olemassa sellaiselle, joka on jo valmiiksi kuollut, kuten kuolleelle aineelle. "Maasta sinä olet tullut ja maaksi sinun pitää jälleen tuleman." Varsin epikurolainen näkemys.

Kun ihminen ymmärtää, että kaikki on välttämätöntä, tämä auttaa sielua (siis persoonatonta sielua) saamaan valtaansa affektit. "Joka ymmärtää selvästi ja tarkasti itsensä ja affektinsa, se rakastaa jumalaa (ts. substanssia, missä on kaikki mahdollinen, kuolleen aineen perustalta) ja sitä enemmän, mitä enemmän hän ymmärtää itsensä ja affektinsa" (siis osana substanssia, ei itsenäisenä, vapaatahtoisena persoonana)"

Tähän jumalaan kohdistuva rakkaus on viisautta. Tällainen "rakkaus" on lähinnä persoonattoman substanssin ja sen johdannaisten jonkinasteista ymmärtämistä.

Jumalaan ei vaikuta mikään mielihyvän tai mielipahan affekti (ts. täysin tunteetonta olemassaoloa, vai voiko tätä edes olemassaoloksi kutsua) Spinoza: "Sielun jumalaan kohdistama rakkaus on osa sitä ääretöntä rakkautta, jolla jumala rakastaa itseään" (Ethics).

Lopulta Spinoza paljastaa millainen tämä hänen "jumalansa" oikein on: "Kaikki on osa jumalaa. Tämän kaiken ymmärtäminen osaksi jumalaa on jumalaan kohdistuvaa rakkautta." Ja edelleen: "Se, joka rakastaa jumalaa, ei voi pyrkiä siihen, että jumala puolestaan rakastaisi häntä."

Spinozan panteismi (eli kätketty materialismi) päätyy sitten siihen lopulliseen johtopäätökseen, että on looginen välttämättömyys, ettei jumala rakasta eikä vihaa ketään ja tästä sitten seuraa, että persoonallinen eloonjääminen kuoleman jälkeen on harhaluuloa. Mikä tällainen "jumala" on? Epäjumalaksi nostettu tiedoton maailmanmateria perustanaan olemattomuus ja kuolema. Spinozan filosofia on kuitenkin erittäin hyvä esimerkki panteismista ja siihen kätkeytyneestä materialismista. Mm. F. Engels ja neuvostofilosofi E. Iljenkov arvostivat Spinozaa suuresti. Käsittelenkin seuraavaksi dialektista materialismia, koska se on hyvin lähellä panteismia muodoltaan ja sisällöltään. G.W.F. Hegelin hengenfilosofia on tässä asetettu aineen sisälle ja aineeseen.

IV MARXILAISUUS: DIALEKTINEN MATERIALISMI

Marxilaisuuden mukaan kuollut ja eläväkin aine toimii dialektisesti eli se kehittyy kolmikantaisesti, triadina (on kummallista, että tähän triadiin törmää milloin missäkin yhteydessä). Kuten Hegelillä myös marxilaisuudessa jokaiseen dialektiikan vaiheeseen sisältyvät kaikki varhaisemmat vaiheet siihen liuenneena. Yksikään niistä ei ole kokonaan kumottu, vaan jokaiselle on annettu paikkansa kokonaisuuden momenttina. Dialektiikan peruslait ovat määrällisten muutosten laadulliseksi ja laadullisten määrälliseksi muuttumisen laki. Vastakohtien ykseyden ja taistelun laki ja kieltämisen kieltämisen laki. Esimerkkeinä määrällisistä muutoksista on esitetty mm. kappaleen lämpötilan muutokset jne. Laadullisia muutoksia ovat mm. aineen olomuodon muutokset ym.

Dialektisen materialismin mukaan kaikille olioille ja prosesseille on ominaista sisäinen ristiriitaisuus, ja juuri se on niiden kehityksen lähde ja liikevoima. Jokainen esine tai ilmiö ovat vastakohtien ykseyttä. Kieltäminen tarkoittaa olion vanhan olotilan kieltämistä ja sitä seuraavaa toista kieltämistä nimitetään kieltämisen kieltämiseksi. Marxilaisen dialektiikan mukaan kieltämisen kieltäminen määrää kehitysprosessin suunnan siten, että kehitys etenee yksinkertaisesta monimutkaiseen ja alemmasta korkeampaan.

Käytännössä tämä tarkoittaa sitä, että materiassa elää ja vaikuttaa dialektinen "henki" joka jatkuvasti kehittää itsestään yhä korkeampia muotoja. Myös luonnossa elää tämä sama dialektinen "henki" Esimerkiksi Englesin mukaan mikä hyvänsä liikemuoto voi muuttua miksi hyvänsä toiseksi liikemuodoksi. Tästä voi päätellä, että itse elämäkin on syntynyt kuolleen aineen ikuisesta liikkeestä dialektisten prosessien tuloksena. Tämä on vilkkaan mielikuvituksen käytön tulosta, pelkkä onneton fiktio, jota ovat kaikki olemassa olevasta elämästä synnytetyt elämän syntyteoriat. Tässä tapauksessa Engels päätyy todella kummalliseen ja idioottimaiseen lopputulemaan: "Elämä on valkuaiskappaleiden olintapa" (Luonnon dialektiikka).

Lopuksi tunnustetaan kiitollisuudenvelka Herakleitokselle: "Kaikki virtaa, mikään ei pysy paikallaan. Me astumme, että emme astu samoihin jokiin, olemme ja emme ole." Olemmekin jälleen palanneet Kreikan filosofian suurten perustajien katsomustapaan, missä koko luonto pienimmästä suurimpaan, hiekan jyväsistä aurinkoihin, protisteista ihmiseen on ikuisesti syntymässä ja tuhoutumassa, lakkaamattomassa virtauksessa ja keskeämättömässä virtauksessa, herkeämättömässä liikkeessä ja muutoksessa. Tämä uskontunnustus kuolleen aineen jumalallisuudelle tekee kuitenkin aineellisesta olemassaolosta täysin arvaamatonta ja sattumanvaraista, sillä tällöin luonnonlait eivät itsessään ole mikään pätevyyden mitta, vain ristiriita on eli olemme ja emme ole.

V MEKAANINEN MATERIALISMI

Kirjoitin panteismista siksi, että se on paljon eksyttävämpi kuin läpinäkyvä ns. mekaaninen materialismi. Panteismista ihmisen tietoinen olemus tulkitaan aineellisuudeksi (luovaksi) luonnoksi ja aineeseen sitoutuneeksi subjektiksi, tekijäksi, jolla on jumalalliset kyvyt.

Mekaaninen materialismi olettaa, että aine tuottaa itsestään järjestystä (eli nujertaa entropian) mistä kaikki ihmistä kiinnostava mielenkiintoinen sitten syntyy, mukaan lukien ihminen itse. (Mutta kuten ensimmäisessä luvussa kirjoitin, kuollut aine ei tunnista mitään, mitä siihen syntyy, ja kun se ei voi mitään tunnistaa, sitä ei ole sille myöskään olemassa). Järjestyksestä täytyy olla idea siitä, mikä on järjestystä ja mikä taas ei. Me-

kaaninen materialismi uskoo pelkkiin luonnon-
lakeihin, eikä tee aineesta jumalaa, vaan pelkän
tiedottoman luojan. Tälle materialismin muodolle
ei ole olemassa mitään luonnon ulkopuolisia ju-
maluuksia, jos ei lasketa ihmisen älyn pitämistä
jumaluutena ja materialistia itseään jumalana. Se
on naturalismia, jonka mukaan on vain persoona-
ton luonnon suljettu järjestelmä, missä ei ole mi-
tään ns. yliluonnollista. Tämä ei pidä paikkaansa
edes naturalismin suhteen, sillä tässäkin tapauk-
sessa ihminen itse asettuu viime kädessä luonnon
ulkopuoliseksi voimaksi, joka ohjaa tätä luontoa
omien tarkoitusperiensä (joskus varsin subjektii-
visten) mukaisesti siinä viitekehyksessä, mitä hän
on tästä luonnosta saanut tutkimustensa avulla
saanut selville.

Naturalismi vastustaa kaikkea ns. "yliluonnol-
lista" huomaamatta sitä, että tämä naturalistinen
periaate ohjaa koko luontoa tämän luonnon ulko-
puolelta käsin. Mitään muuta ei voi olla olemassa
kuin luonnollisia tapahtumia, joten tämä periaate
on kaikessa tieteellisyydessäänkin hyvin subjek-
tiivinen. "Ei-yliluonnollinen" tarkoittaa sitä, että
rationaalinen ihminen toimii tämän prinsiipin
takuumiehenä, koska voi tiedostaa ja ymmärtää
luonnon olemassaolon. Jos luonnon (ts. materiaa-
listen olioiden) ulkopuolella ei ole tietoisia toimi-
joita, niin silloin jotakin voi olla olemassa tai olla

olematta, sellaisellahan ei ole minkäänlaista olemassaolon kokemusta, se on lukkiutunut omaan tiedottomuuden ja olemattomuuden tilaansa, missä minkäänlaista olemassaoloa ei voida tunnistaa. Se on kaiken mahdollisen negaatio, jopa olemattomuuden negaatio, jos olemme tarkkana (olemattomuuskin on tila) Se on lukossa ja kuka tai mikä voisi välittää sellaisesta puupennin vertaa.

Näille mekaanisille materialisteille materian ikuisuus on kuitenkin tämän materialismimuodon lähtökohta. Näin kirjoitti tunnettu materialisti-ateisti L. Feuerbach: "Käsitys, että luonnolla itsellään, yleensä maailmalla, maailmankaikkeudella olisi todellinen alku, että siis kerran ei ollut mitään luontoa, mitään maailmaa, mitään maailmankaikkeutta, on surkea käsitys, joka vakuuttaa ihmisen vain silloin, kun hänellä itsellään on surkea, rajoitettu näkemys maailmasta, mieletön ja perusteeton kuvitelma, että kerran ei ole ollut mitään todellista, sillä kaiken realiteetin, todellisuuden kokonaisuushan juuri on maailma tai luonto." Tämän surkean, rajoitetun ja mielettömän näkemyksen puolesta todistavat nykyään naturalistisetkin tiedemiehet, vieläpä yksimielisesti.

Tämä materialismin muoto on kuitenkin hyvin selväpiirteistä ja siksi ymmärrettävää eikä se sotke tiedottomuutta, jumalaa ja materiaa toisiinsa. Se perustuu paljolti R. Descartesilta alkuunsa saaneelle näkemykselle, että eliöt ovat lähinnä mekaanisia koneita. Lääkäri De La Mettrie, ranskalainen materialisti kirjoitti teoksen "Ihmiskone" joka teki myöskin ihmisestä pelkän mekaanisen laitteen. Nykyisin tämä ilmenee siinä ajattelussa, missä ihmisaivoille annetaan ratkaiseva merkitys ihmisyyden olemukselle. Ihmisestä on tullut aivojensa ohjaama, tahdoton, robotti. Tämä herättää kuitenkin kysymyksiä, kuten sen, että mikä minussa ajattelee, kun en empiirisesti tiedä aivoistani mitään, kun ajattelen ja myöskin sen, että missä ajatuskuvani sijaitsevat, kun niitä ei näy aivokuvauksessa. Mutta materialistimme väittävät, että ajattelu on illuusiota ja tahdonvapaus harhaa.

VI ESIEVOLUTIONISTIT JA MATERIALISMI

Viimeisenä teemanani on yritys analysoida materialismimuotojen johdannaisia. Näihin kuuluvat mm. D. Humen Paley-kritiikki ja Bernard Mandevillen sosiaalidarwinismi ennen varsinaisen darwinismin syntyä. Nämä ovat kuitenkin esi-darwinilaisia teorioita, mutta eihän Darwinkaan täysin puhtaalta pöydältä luonut evoluutioteoriaansa.

Kutsun näitä ennen Darwinia esitettyjä materialismin johdannaisia vanhan liiton materialismiksi, koska yleinen maailmankatsomus oli tähän aikaan uskonnollinen eikä näitä ateistisia ja deistisiä teorioita katsottu kristityissä länsimaissa hyvällä. Nykyäänhän sekulaareissa yhteiskunnissamme ainoita virallisesti hyväksyttäviä maailmankatsomuksia ovat agnostismi ja ateismi maustettuna hyvin pienellä määrällä deismiä. Todellisesta kristinuskosta ei ole jäljellä paljon muuta kuin kuoret ja tavat.

Humen Paley-kritiikki perustuu esi-evolutiiviselle ymmärrykselle ja hän käyttää esimerkkinä purjelaivaa. Purjelaivan perustekijä on yksinkertainen ammattimies (stupid mechanic) Hän on matkinut muita, kopioinut taidon, joka on pitkien aikojen, lukemattomien yritysten ja erehdysten, virheiden ja virheiden oikaisujen, pohdintojen ja riitojen myötä tehnyt purjelaivasta vähä vähältä paremmaksi.

"Monia maailmoja on mahdollisesti tuherrettu ja hutiloitu ikuisuuden kestäneen ajan kuluessa ennen kuin nykyinen systeemi on putkahtanut esiin. Hidas ja katkeamaton edistyminen maailman tekemisen taidossa on jatkunut äärettömiä aikoja."

Todellisuudessa Hume on pannut laivan parantajaksi tietoisen ihmisen ja maailmojen luojaksi oman älykkyytensä, sillä yritys- ja erehdystoiminta on loogista: tarkoitus on laivan parantaminen. Siksi purjelaivan parantaminen on päämäärätietoista, ei päämäärätöntä toimintaa. Tässä päämäärätietoisessa toiminnassa osataan karsia virheet, tehdä uudet rakennesuunnitelmat jne. Muuten purjelaivamme ei voi muuttua paremmaksi, siitä voi tulla jopa huonompi. Tässä on asetettu selvä tehtävä ja määräys, jonka tietoinen ihminen sitten toteuttaa parhaimman tietämyksensä mukaisesti. Hän voi suorittaa tämän tehtävän yrityksen ja erehdyksen kautta, mutta ainoastaan siten, että erehdykset eliminoidaan.

Tosiasiallisessa maailmassa, missä ei ole älykästä tai tietoista toimijaa, ei erehdysten ja onnistumisten välillä ole mitään eroa, joten purjelaiva pysyy kutakuinkin samanlaisena, minä se on aina ollut. Jos tätä verrataan luonnossa tapahtuviin, oletettuihin prosesseihin, niin mutaatio-luonnonvalintamekanismi on päämäärätöntä, mutta pitäisi myös olla suurimpien virheellisyyksien karsintaa. Mutta pelkällä mutaatiomekanismilla purjelaivaamme syntyisi niin paljon erehdyksiä, että se lopulta olisi purjehduskelvoton (mutaatioista ks. esim. Sanford: Eliömaailma rappeutuu).

Kaiken kaikkiaan Humen purjelaiva on pysynyt purjelaivana eikä muuttunut moottoriveneeksi tai höyrylaivaksi. Näin olisi kuitenkin pitänyt tapahtua, jotta yritys- ja erehdysmekanismi kykenisi tuottamaan jotain radikaalisti ja laadullisesti uutta, eikä vain paikata vanhaa vähän paremmaksi.

Mistäpä Hume parka olisi voinut tietää, että tulevaisuudessa teräslaivat ja moottorit jättäisivät purjelaivat sellaisiksi, mitä purjelaivat ovat aina olleet ja ovat nykyäänkin: puulaivoja purjeilla varustettuina. Teräslaiva on aivan oma luokkansa, jolla ei ole juuri muuta yhteistä purjelaivan kanssa kuin se, että ne ovat vesikulkuneuvoja. Humen kuvittelukyky ei yksinkertaisesti riittänyt siihen, mitä oli tuleva.

Tarvitaan ihmisen päämäärätietoista toimintaa, jotta laivojen kehittäminen olisi mahdollista. Humen argumentti suunnittelua vastaan on epäonnistunut, sillä se tosiasiallisesti perustuu satunnaisiin, päämäärättömiin ja tarkoituksettomiin muutoksiin, jotka vain pahentavat tilannetta, eivät paranna sitä. Kuitenkin Humen äly ja ymmärrys tavoista parantaa purjelaivaa ohjaavat tätä prosessia, joten tämä ei ole niin sattumanvaraista kuin annetaan ymmärtää. Ihminen on päämäärätietoinen olento, joka ohjaa tätäkin prosessia, sanottiinpa sitä kuinka sattumanvaraiseksi tahansa.

Kuten yleensäkin materialistit uskottelevat, niin Humekin oli huomaavinaan, että maailmaamme ilmaantuu spontaanilla tavalla järjestystä. Jos ihminen ei sitä tunnistaisi tai huomaisi niiden periaatteiden perustalta, jotka tarkoittavat järjestystä erotukseksi epäjärjestyksestä, mitään järjestystä ei tietystikään olisi olemassa. Ymmärryksemme on vain rakentunut niin, että se voi tunnistaa toisia asioita epäjärjestykseksi ja toisia asioita järjestykseksi. Tämä tunnistaminen on älyllistä toimintaa, jonka perustana on tieto järjestyksestä.

Tämän esseen lopuksi analysoin esievoluutio- ja evoluutioteorian filosofisia perusteita. Sekä esievoluutio- että modernin evoluutioteorian taustalla on kansantaloustieteellinen ajattelu. Julma ja moraaliton kansantaloustiede asettaa ihmisyksilön hyvinvoinnin ja onnen edellytykseksi häikäilemättömän oman edun tavoittelun. Perusteena on ihmisyksilöiden ja -yhteisöjen välinen keskinäinen kilpailu rajallisista resursseista. Tämä kilpailu eliminoi huonot yksilöt ja paremmat pääsevät siten jatkamaan sukuaan.

Vuonna 1789 R. Malthus julkaisi talous- ja väestötieteellisen pääteoksensa "An Essay on the Principle of Population". Hän ennusti väestön kasvun johtavan ravinnon vähentymiseen henkeä kohden. Väestö kasvaa rajoittamattomana geometrisen sarjan mukaan, kun taas ravintovarat kasvavat aritmeettisessa sarjassa. Kasvavan väestön ongelman nähdään koskevan lähinnä työläisiä ja köyhälistöä (niinpä tietysti). Darwin otti tämän tämän, aikalailla virheellisen teorian, evoluutioteoriansa yhdeksi perusteeksi.

1700-luvulla vaikutti myös eräs B. Mandeville, jolla oli oma surullinen osuutensa kansantaloustieteelliseen ja evoluutioteoreettiseen ajatteluun. Kirjassaan "The Fable of Bees, Private vices, Public Benefits" hän väittää, että yksityiset paheet ovat yhteinen hyvä; yksityisten ihmisten oman edun tavoittelun kerrannaisvaikutukset johtavat taloudelliseen kehitykseen ja kansakunnan hyvinvointiin. Mehiläiskansalaiset harjoittivat kaikkia mahdollisia paheita: itsekkyyttä, turhamaisuutta, laiskottelua, ahneutta, petosta, väärentämistä, huoruutta, ylellisyyttä ja tuhlausta, mutta kansantalous kukoisti ja tehtaat toimivat. Toisin sanoen mitä enemmän mammonaa ja tavaraa on, sitä parempi myöskin yhteiskunta on. Tämä varallisuus kuitenkin jakautuisi erittäin epätasaisesti niiden taloudellisten lakien mukaisesti, jotka nk. kapitalismissa vallitsevat, jos niihin ei puututa.

Joka tapauksessa Mandevillen oivalluksia sovellettiin eliömaailmaan, kun mm. Darwin selitti lajien kehitystä luonnonvalinnan avulla. Mandevillen teorialla on toinenkin, raadollisempi puolensa: Tappiolle jääneitä ei saanut auttaa mitenkään, joten hän pilkkasi hyväntekeväisyyttä. Ei olekaan ihme, että tuntemattomaksi jäänyt 1700-luvulla elänyt runoilija piti Mandevillea antikristuksena, jonka nimikin: Man-devil kertoo, kenestä on kysymys. En ole varma tunsiko Darwin Mandevillen kirjoituksia vai ei, mutta joka tapauksessa Darwin oli omaksunut evoluutioteoriaansa mandevilleläisen talousteoreettisen ajatuksen siitä, että luonto itsessään on itsekkäiden yksilöiden taistelukenttä, jossa vain vahvimmat jäävät eloon ja voivat jatkaa sukuaan (tämäkään ei pidä välttämättä paikkaansa, sillä vahvimpien urosten taistellessa naaraista, voivat sillä aikaa heikommat yksilöt paritella naaraiden kanssa).

Siinä missä Darwinin luontokuva perustuu Malthusin armottomaan ihmisyhteiskuntaan ja luonnonvalintaan (heikkojen, sairaiden ja avuttomien yksilöiden poistaminen) niin Mandevillen mukaan yhteiskunta perustuu rikoksille, valheille, orjuudelle ja sodalle. Se tosiasia, että luonnonvalinta poistaa eläinkunnasta heikkoja, vammaisia ja sairaita voi johtaa pahimmillaan siihen, että ihmisyhteiskunnankin pitäisi toimia kaikkein armottomimpien luonnonlakien mukaisesti, moraalittomasti, kuten Mandeville ja Darwin tosiasiallisesti vaativatkin. Ihminen on kuitenkin moraalinen olento, ja jos ei olisi, meillä ei olisi sairaaloita, sosiaaliturvaa eikä lakia. Tie avautuisi sosiaalidarwinismille, mistä on ihmiskunnan historiasta toinen toistaan kauheampia esimerkkejä ja muistettava on, että itse Darwinkin oli myös sosiaalidarwinisti.

Luonnonvalinta, mitenkä se sitten ymmärretäänkin, kohdistuipa se geeniin, geeneihin tai johonkin muuhun on ihmisyhteisöissä eettisten valintojen kannalta vaarallista. Ihmisiä voidaan luokitella elinkelpoisiksi ja elinkelvottomiksi melko mielivaltaisten näkemysten mukaisesti. Kustannussyistä (rahan arvo ylittää ihmisarvon) sairaita ja vammaisia voidaan eliminoida. Jopa kansoja voidaan pyrkiä tuhoamaan (kuten on myös tapahtunut) ja tämä tietysti laskee moraalista tasoa entisestään. Ihminen ei ole toiselle vain susi, vaan jotain paljon pahempaa: hän tekee pahuudesta hyvyyttä.

VII MATERIALISMI-IDEOLOGIA JA YHTEISKUNNAT SEKÄ YHTEISÖT

F. Hayek julman taloudellisen uusliberalismin, raakalaismaisen sosiaalidarwinismin kannattaja ja luoja korosti, että yksi "tieteen" suurimmista löydöistä on kaksoisajatus (twin idea) evoluutiosta ja spontaanisti syntyvästä järjestyksestä. Hayek ei kuitenkaan tehnyt eroa järjestyksen ja informaation välille: järjestystä, kuten kiteitä, voi syntyä spontaanisti, mutta elävän luonnon A ja O on informaatio. Järjestys on aineellista, informaatio ei-aineellista. Tämän lisäksi ajatus spontaanisti syntyvästä järjestyksestä on väärä: luonto ei elottomana oliona tunnista järjestystä, mutta ihmisen mieli voi tunnistaa, joten järjestys on mielessä, ei luonnossa. Kuten asiaan kuuluu, Hayek piti Mandevillen "Mehiläistarinaa" täydellisimpänä, mitä Mandevillen kynästä oli lähtenyt.

Mandevillen teorian perusteet saivat kovan iskun siinä kriisissä mihin Venäjä ajautui 1990 -luvulla. Yksityisistä paheista ei seurannut mitään julkista hyvää, ainoastaan julkista pahaa. Tuloksena oli vain väkivaltaa, gangsterismia, varastelusta johtunutta omaisuuden keskittymistä, sosiaalinen romahdus ja tavallisten ihmisten suunnatonta kärsimystä, joka näkyi jyrkkänä eliniän odotteen laskuna. Mitäpä tämä muuta oli kuin darwinismin soveltamista ihmisyhteisöön.

En puolusta missään nimessä tämän äärikapitalismin sijasta mitään "reaalisosialismiksikin" kutsuttua pakkovaltaa. Reaalisosialistinen yhteiskunta on pelkkä poliisivaltio, joka poistaa normaalin ja luonnollisen markkinatalouden sillä seurauksella, että se menee maan alle. Kaikki ovat potentiaalisia rikollisia, koska musta pörssi on ainoa mahdollinen tapa hankkia elämälle välttämättömiä tarvikkeita. Vain puolueen eliitillä on kaikkea yllin kyllin.

Kuka tahansa voidaan pidättää melkein mistä syystä hyvänsä (oikeusvaltiota ei ole). Tiedotusvälineet tuottavat pelkkää valheellista propagandaa, eikä minkäänlaista demokraattisia prosesseja sallita. Tämä on hirmuvaltaa kauniiden periaatteiden perustalta. Totuus on valhetta ja valhe totuutta, kuten marxilainen dialektiikka todistelee. Tällaisia ovat materialismin hapattamat yhteiskunnat ja valtiot, surullisin esimerkki oli Albania, joka julistautui maailman ensimmäiseksi, täysin ateistiseksi valtioksi. Ainoita asioita, joita näissä marxilaisen materialismiin perustalta rakennetuissa yhteiskunnissa voi pelkäämättä tehdä on juoda viinaa, totella ja pitää suunsa kiinni. Normaali markkinatalous on hyvän yhteiskunnan perusta, mutta sosiaalidarwinistista äärikapitalismia tai reaalisosialistista materialismia ei tarvita. Olen tässä Aristoteleen linjoilla: kultainen keskitie on minulle pohjoismainen hyvinvointiyhteiskunta.

Kun seurataan Mandevillen tai Darwinin evoluutioteoreettista ajattelua, niin kuva on varsin yksipuolinen: eliöt ovat tarpeittensa tahdottomia orjia, joiden tyydyttämiseksi käydään sitten kovaa kamppailua. Tämän perustalta eliöiden pitäisi vielä kehittyä jotenkin paremmiksi tarpeidensa tyydyttäjiksi, vaikka tosiasiassa eliömaailma rappeutuu kovaa kyytiä (Sanford) Jumala ei ole luonut eliöitä ikuisesti olemassa oleviksi, mutta meille on annettu lupaus koko luomakunnan pelastuksesta.

Evoluutioteoreetikkojen mukaan tämä sokea, kuuro ja järjetön luonto on antanut luomilleen eliöille mielihaluja: kiihkein on nälkä ja seuraavaksi kiihkein on sukupuolinen himokkuus, joista ensimmäinen käskee syömään, toinen kannustaa lisääntymään. Eliöt ovat pelkkiä parittelu- ja syömiskoneita, joita ohjaavat järjettömät geenit, jotka eivät elämän iloa tunne.

Näihin evoluutioteoreettisiin spekulaatioihin liittyy kiinteänä osana taloustieteellinen näkökulma. Esimerkiksi Marxin mukaan Adam Smithin talousteoriat ovat "suuressa kiitollisuudenvelassa Mandevillelle" Edelleen Marxin mukaan: "On kummallista, miten Darwin huomaa eläimistään ja kasveistaan englantilaisen yhteiskuntansa työnjakoineen, kilpailuineen, uusien markkinoiden avaamisineen, keksintöineen" ja Malthusin eloon jäämisen kamppailuineen" Se on Hobbesin "Bellum omnium contra omnes (kaikkien sota kaikkia vastaan) Hämmästyttävän täsmällinen kuvaus aikansa kapitalistisesta yhteiskunnasta." Myös taloustieteen yksi suurimmista nimistä eli John Maynard Keynes sanoi olevansa "Suuressa kiitollisuuden velassa Mandevillelle." Ei siis voida pitää suurena ihmeenä sitä, että tämä evoluutio-oppi on levinnyt melkeinpä kaikkeen mahdolliseen ihmisen tuottamaan tutkimukseen, vaikka itse eliöevoluutioteoria on pitkälti spekulaatioiden tuotetta.

Pidin aikaisemmin niin kutsuttuja "Saatanan palvojia" huonona vitsinä tai jonkinlaisena pelleporukkana, mutta en pidä enää. Heidän ajattelunsa on kiinteästi sidoksissa evoluutioteoriaan, materialistisena ja moraalittomana tapahtumaketjuna. Tukea he saavat esimerkiksi sosiobiologista, jonka yksi tärkeimmistä edustajista E. O. Wilson esittää, että etiikka on illuusiota, jonka geenimme aiheuttavat (geneettinen fatalismi) Silloin myös ihmisen ajattelu on illuusiota, sillä ajattelussahan eettiset valinnat tehdään. Myöskin A. Hitlerin mukaan darwinismi oli ainoa perusta Saksan menestykselle.

Kaiken modernin ajan yhteiskunnallisen pahan ja moraalittomuuden alkujuurena voidaan pitää Darwinin ajattelun rasistisia elementtejä: oli alhaisempia ja ylhäisempiä eliöitä, oli ylempiä ja alempia ihmisrotuja, villejä, jotka eivät olleet edes oikeita ihmisiä. Mutta kuitenkin Darwin kirjoitti, että: "Villien keskuudessa ruumiillisesti heikot yksilöt karsiutuvat nopeasti, ja eloonjääneet ovat tavallisesti erittäin terveitä. Mutta me sivistyneet ihmiset teemme toisaalta parhaamme vähentääksemme karsiutumista, rakennamme parantoloita vähämielisille, rammoille ja sairaille, säädämme köyhäinhoitolakeja ja lääkärimme käyttävät kaiken taitonsa pelastaakseen jokaisen hengen vii-mehetkeen asti. On syytä uskoa, että rokotus on säästänyt tuhansia heikkorakenteisia ihmisiä, jotka aikaisemmin olisivat sortuneet isorokkoon. Niinpä sivistyneiden yhteiskuntien heikommat jäsenet pääsevät jatkamaan sukuaan. Kukaan ko-tieläinten kasvatusta seurannut ei voi epäillä tä-män vahingollisuutta ihmiskunnalle." Darwin ei ollut paljon muuta kuin potentiaalinen kansojen teurastaja.

Darwinin mukaan ihminen ei ole ollutkaan aina ihminen, vaan hänen esi-isänsä oli apina ja villi-ihmiset ovatkin lähempänä apinoita kuin oikeita ihmisiä, vaikka todellisuudessa nämä nk. villi-ihmiset (alkuperäiskansat) ovat kulttuureja luovia, täydellisiä ihmisiä (homo sapiens).

Ihmislajin sanotaan olleen olemassa satojatu-hansia vuosia, mutta hän on rakentanut kulttuu-reja vain kahdessa prosentissa tästä ajasta (n. 6000 vuotta). Mitä homo sapiens on tehnyt monia tu-hansia vuosia tuottamatta mitään hänen älylleen ominaista? Joku tässä yhtälössä on varmasti vää-rin, mutta evoluutioteoria on varsin joustavaa ja spekulatiivista, joten voidaan väittää, ettei homo sapiens ollut vielä kypsynyt kulttuureja luovaksi olennoksi, vaikka tämä on tietysti täysin järjenvas-taista. Aina sama virsi: vedotaan pitkiin ajanjaksoi-hin ja vähittäiseen kehitykseen.

VIII EVOLUUTIO
IDEOLOGIANA

Darwinistien mukaan luonnonvalinta ohjaa geneettisten mutaatioiden aiheuttamaa muuntelua ja saa kasvin tai eläimen lajityypin muuttumaan toisen tyyppiseksi. Tämä prosessi selittää sen, miten pienten vaiheiden kautta yksisoluiset organismit kehittyivät kaikiksi niiksi kasveiksi ja eliöiksi, joita maapalloltamme nykyään löytyy – mukaan lukien ihminen. Prosessin on ymmärretty olevan hyvin hidas ja riippuvainen harvinaisista hyödyllisistä mutaatioista, joita sattumanvaraisesti tapahtuu hyvin harvoin (useimmat mutaatiot ovat haitallisia tai hyödyttömiä, elleivät peräti kaikki). Darwinistit näkevät evoluution "mikrobista ihmiseksi" tapahtuneen useiden miljardien vuosien kuluessa. Nämä miljardit vuodet ovat eräänlainen savuverho, jonka takana voi siis elämän koko kirjo olla kehittymässä. Tämäkin on fiktioiden luomista olemassa olevien todisteiden perusteella, jotka voi sitten panna siihen järjestykseen, joka parhaiten todistaa evoluutiosta. Evoluutio siis todistaa evoluutiosta.

Evoluution mekanismin on väitetty olevan mutaatio-luonnonvalinta prosessin. Mutaatiot luovat uutta informaatiota (täysin älytön ajatus: mutaatiot päinvastoin tuhoavat informaatiota) ja luonnonvalinta poistaa sitten elinkelvottomat. Näinhän sen pitäisi mennä vai meneekö se todellisuudessa? Tässä törmätään mm. niin sanottuun Haldanen dilemmaan: Vaikka valittavissa olevia hyödyllisiä mutaatioita syntyisi tasaisesti, mutaatioiden valinnallinen vakiinnuttaminen on äärimmäisen hidasta (300 sukupolvea vakiinnutettua mutaatiota kohti) Tämä tarkoittaa, että evoluutiosta tulee mahdotonta jopa geologisissa aikajaksoissa (Sanford).

Evelyn Fox Keller: "Miten voi pelkistä sattumanvaraisista mutaatioista riippuvainen prosessi (evoluutio) synnyttää rakenteita, joiden funktiona on vastustaa sattumanvaraisten voimien epäjärjestystä lisäävää vaikutusta?"

Kuten edellä mainitsin, ollaan jälleen samassa tilanteessa missä olin selvitellessäni elämän syntyä eli fiktioissa. Evolutionistit luovat fiktioita toinen toisensa perään asettamalla olemassa olevat todisteet kehitysketjuiksi, vaikka nämä todisteet (fossiilit) ovat hyvin tulkinnanvaraisia ja kaiken kaikkiaan hajanaisia. Nämä todistelut pitävät paikkansa siinä fiktioavaruudessa, missä ne esitetään, mutta ne voivat olla todellisuudessa täysin vääriä. Tässä ollaan L. Wittgensteinin formuloiman kielipelikäsitteen ytimessä. Wittgensteinlaisittain ymmärrettynä evoluutioteoriakin on oma kielipelinsä, mutta onko se sitten reaalisesti totta vai ei, ei voida ratkaista tästä kielipelistä käsin. Mm. rukoileminenkin on oma kielipelinsä. Mutta fiktioavaruudessa totta voi olla mikä tahansa mihin mielikuvituksen lento vain yltää.

Evoluutioteoria ei ole mikään tieteellinen fakta, kaukana siitä, koska sitä voidaan kritisoida varsin perustellusti. Itse evolutionistitkin ovat ristiriidoissa toistensa kanssa, koska ei ole samanmielisyyttä siitä tapahtuiko kehitys pienin askelin vai harppauksittain (suurin askelin). Luonnonlakien olemassaoloa, kokeellisesti testattavia tapahtumia, tuskin kukaan voi kiistää. (On tietysti niitäkin, jotka pyrkivät kiistämään luonnonlaitkin, mutta silloin ollaan hulluuden porteilla, ellei peräti jo sisällä). On kuitenkin muistettava aina se, että kun lukee evolutionistien kirjoittamia artikkeleita, lehtiä tai kirjoja evoluutiosta, ne ovat, poikkeuksetta, ohjattua evoluutiota. Evolutionistit tulkitsevat ja asettelevat todisteita kehitysketjuiksi, jotka sitten muka todistavat evoluutiosta. Fiktiivistä todistelua, kuten elämän syntyteoriatkin eikä mitään muuta.

II luku: Elävä Jumala

3. Essee: Uskosta ja yhteiskunnasta

I USKONTOJEN MONINAISUUS

Johonkin ihminen uskoo aina, ja jos ei usko, niin uskoo siihen, ettei usko. Usko on luottamusta, ja jos ei ole luottamusta, olet omillasi. Jos uskoo vain siihen, ettei usko mihinkään, on tuuliajolla yksin eikä ole luottamusta edes itseensä.

Uskomista on monenlaista, ei pelkästään uskoa Jumalaan, vaan myös uskoa maallisiin ja maailmallisiin asioihin. Jotkut nimittäin uskovat vain siihen, että maallinen menestys ja onni on suurinta, mihin ihminen voi pyrkiä, mutta suurimmalle osalle ihmiskuntaa se ei kuitenkaan riitä, vaan uskotaan (ainakin muodollisesti) ylimaalliseen ja sielulliseen Jumalaan.

Erilaisia Jumalaperusteisia uskontoja on ollut ja on paljon, tuhansia, joten periaatteessa jokaiselle löytyy jokin sopiva. On lahkoja ja näistä erottuneita lohkoja. Ja jos oikein innostuu voi perustaa vaikka oman uskontonsa, esimerkiksi väittämällä olevansa jonkin tasoinen profeetta.

Se, minkälaisen uskonnon omaksuu, on hyvin kulttuurisidonnaista: Jos olisin syntynyt jonkin suuren maailmanuskonnon alueella (kuten olenkin) olisin omaksunut varmasti sen, mitä perheeni, sosiaalinen ympäristöni ja uskonnolliset vaikuttajat olisivat minulle opettaneet. Kristityssä yhteiskunnassa olisin kristitty (kuten olenkin) islamilaisessa maassa olisin ollut muslimi, hindulaisessa yhteisössä hindu, juutalaisessa juutalainen jne.

Mikä näistä uskonnoista on sitten oikea vai onko mikään? Ja miten ne ovat muokanneet sitä ympäristöä ja yhteisöä, missä ne ovat vaikuttaneet ja olleet valta – asemissa? Näkökulmani on lähinnä historianfilosofinen, historiallinen ja todellista kristinuskoa puolustava. Pyrin kuitenkin ymmärtämään näitä uskonnollisia oppijärjestelmiä, joten jokainen voi sitten arvioida näitä uskontoja niiden konkreettisten tulosten perusteella mitä ne ovat aikaansaaneet.

On sanonta "hedelmistään puu tunnetaan" ja mikäli tämä koskee myös kaikkia uskontoja, niin tilanne on aika huono.

II ATEISMI USKONTONA

Käsittelen ensin ateismia (Jumalasta riippuvainen on tämäkin usko: a-teismi). Tämä on "eliittien", ns. tiedemiesten ja -naisten uskonto, joka on vähitellen levinnyt myös suurten kansanjoukkojen keskuuteen tehokkaan propagandakoneistonsa avulla. Se on uskoa antijumalaan, elävän Jumalan vastakohtaan, kuolemaan, materiaaliseen substanssiin ja Saatanaan (kaikenlainen paha ja moraalittomuus on välttämätöntä hengissä säilymiseksi ja maallisen onnen saavuttamiseksi). Kuolleen materiasubstanssin taustalla vaikuttaa kuolema itse. Tosin moderni länsimainen, kulutuskeskeinen ihminen on lähinnä välinpitämätön elämämme peruskysymyksiin nähden. Tämä on lähinnä agnostismia, ei täyttä ateismia, jota on historiassa yritetty konkretisoida huonolla menestyksellä. Jos seurataan ateismia historiassa, tämän opin konkreettisia tuotoksia olivat tietysti ateistiset valtiot. Yhteiskunnan ja yhteisöjen tasolla ei kuitenkaan saavutettu sitä, jota siltä oli odotettu (vapautumista jumalien pakkovallasta). Euroopassa Albania (kuten jo kirjoitinkin) piti itseään täydellisenä, ateistisena maana, missä ei millekään jumalalle (paitsi ihmiselle ja Enver Hoxhalle) ollut sijaa. Tämä ateistinen ja sosialistinen valtakunta oli myös Euroopan köyhin, takapajuisin ja verikoston nimeen vannova yhteiskunta. Reaalisosialismin ja Hoxhan kaaduttua tilalle astui gangsterismi ihmiskauppoineen ja muine lisukkeineen. Tällaiset hedelmät ateismi Albaniassa synnytti.

Venäjän vallankumous ja Kiinan ajautuminen johonkin sosialismin tapaiseen synnyttivät maailman suurimmat ateistiset (ainakin nimellisesti) valtiot. Tilanne näiden kansakuntien osalta oli moniselitteisempi kuin Albanian. Neuvostoliitossa sallittiin, tiettyjen tiukkojen ehtojen sisällä, ortodoksisen kirkon toiminta. Tosin vallankumouksen alussa ortodoksipapit olivat vapaata riistaa kenelle tahansa, joka halusi nämä papit eliminoida (V. I. Lenin oli harvinaisen verenhimoinen mies jopa historiallisilla aikakausilla mitattuna: tappakaa, tappakaa ja terrorisoikaa ja julistakaa terroria, siinä hänen "eettiset" opetuksensa). Kiinassa kungfutsealaisuus säilyi sosialistisen kuoren sisällä, mutta olihan kungfutsealaisuus itsekin lähellä ateismia, ja pyrki vain yhteiskunnalliseen hyvään kuten sosialismikin. Maon kulttuurivallankumoukset olivat kaiken kaikkiaan hyvin raakalaismaisia, mutta ne eivät sinällään kohdistuneet uskontoja vastaan (Jumalaan kohdistuvat uskonnot olivat jo kuolemankielissä).

Pol Potin Kamputsea on raadollisin esimerkki kommunistisesta agitaatiosta ja ihmisarvon sumeilemattomattomasta polkemisesta. Ehdoton usko oikeasta opista ja päällekäyvä dogmaattisuus johtivat verilöylyyn. Tuloksena oli miljoonia kuolleita, sillä ateismi syntyy kuolemasta, vihasta ja dogmatismista ja palaa kuolleeseen, sillä kuolema on ateismille paitsi kaiken luoja ja synnyttäjä niin myös pääteasema ja lähtöpiste, mistä kaikki syntyy ja mihin kaikki palaa.

Nykyajan Pohjois-Korea on paitsi ateistinen myös, tietyssä mielessä kansalliskonservatiivinen (valtio ja kansakunta on kaikki, yksilöihminen ei-mitään ja suvaitsevaisuus pannaan julistettu) jumalallista kansan johtajaa palvova järjestelmä. Joku jumalallinen oli sittenkin löydettävä; puhdas ateismi on liian kolkko oppijärjestelmä. "Suuri johtaja" on kaiken arvostelun yläpuolella ja hänestä on tehty tosi jumala, vaikka kansa näkee nälkää ja syö ruohoa. Tämä ihmisen palvonta on kuitenkin ollut myös länsimaiden syntinä aina valistuksesta lähtien. Tiedemiehet ovat alkaneet palvoa toisiaan ja itseään kaikenkattavan "järjen" nimissä. Tunnuslauseena on "tiede ratkaisee kaiken."

Ateismi on varmuudella uskonto siinä missä muutkin uskonnot, vaikka väittääkin olevansa jonkinlainen antiuskonto. Ateismi liittyneenä yhteiskunnalliseen ideologiaan tekee siitä oppijärjestelmän ja uskonnon. Se on kuitenkin vain Jumalauskon negaatio, ei muuta, sillä oppijärjestelmänä se ei ole paljon mitään. Se on tyhjä tila, jonka täyttää pelkkä epäusko ja kuolema luojana ja antijumalana (siis jumalana kumminkin).

Käsittelen seuraavana ateismin yleisiä maailmankatsomuksellisia käsityksiä. Ateismi näyttää yleensä olevan sidoksissa jonkin yhteiskunnallisen ideologian kanssa, tai se on vain "tieteellistä vapaa-ajattelua" Ei kuitenkaan huomata (tai ei haluta) sitä, että ateismista itsestään on tullut yliluonnollinen (käyttää materialismia välineenään) voima, joka määrittää olemassaoloa.

Ateismin biologinen ulottuvuus on, evoluutioteorian ohella, aivojen tuottama mekaaninen ja deterministisesti ohjaama ihminen, jolta puuttuu vapaa tahto. Aivot ovat ateismin puolustuspuhetta, sillä nehän ovat pelkkää ainetta. Tämä käsitys on kuitenkin rakennettu heiluvalle perustalle: Kun ajattelen kuvia tai sisäistä puhetta, joita tuotan, niitä ei näy fyysisissä aivoissa eikä toisille ihmisille (voin ajatuksissani loukata toista ihmistä niin paljon kuin kehtaan, mutta reaalimaailmassa voin esittää päinvastaista puhetta). Tärkeimmät asiat eli ajattelu ja sisäinen puhe, joita aivojen pitäisi deterministisesti tuottaa, eivät näy missään aivojen fyysisessä rakenteessa; niitä ei ole olemassa muille kuin ajattelevalle ihmiselle itselleen. Voidaan tehdä se johtopäätös, että ajattelu on enemmän kuin vain aivojensa tuotetta, vaikka antiuskonnot muuta väittävätkin.

Ateismin yhteiskunnallinen ulottuvuus ilmeni reaalisosialistisissa maissa (suurelta osin jo tuhoutuneissa) sinä sekularisaationa, mikä vaivaa lähinnä länsimaisia yhteiskuntia. Islamilaiset maat sen sijaan ovat onnistuneet torjumaan sekularisaation paljon paremmin kuin valistuksen tuloksena syntyneet länsimaat. Tämä on siinä mielessä hyvin harmillista, sillä mikäli kristinuskoa pidetään ainoana totuudellisena oppijärjestelmänä (kuten itse pidän) niin siitä ei ole kohta jäljellä muuta kuin kuoret (tavat, perinteet ja muodot).

Ateismin yhteiskunnallisen ulottuvuuden yksi tukipylväs oli (ja jossain maissa edelleenkin on) marxilaisuus ja sen historianfilosofia, joka muistuttaa hyvin läheisesti uskonnollisia oppijärjestelmiä. Siinä on omat riittinsä, palvontamenonsa jumalineen ja marttyyreineen (ihmisen palvonta, kommunistinen puolue erehtymättömänä jumalana ja kommunismin puolesta kuolleet marttyyrit).

Marx ja Engels sovittivat historianfilosofiansa Hegelin dialektiikan* mukaisesti, mutta todellisuudessa heitä kiinnosti ainoastaan triadi: maanomistajien edustama feodalismi, teollisuuden työnantajien edustama kapitalismi ja palkkatyöläisten edustama sosialismi. Dialektisen liikkeen kantajina olivat yhteiskuntaluokat.

Tosiasiassa Marx oli häikäilemättömän kova: hän ei hyväksynyt sitä, että sosialismille annettaisiin etusija tai asetuttiin palkkatyöläisten puolelle mistään eettisistä tai humanitaarisista syistä. (Tähän vipuun on moni mennyt, myös allekirjoittanut). Hän ei väittänyt, että tämä kanta oli eettisesti parempi, vaan se oli suunta, jota dialektiikka noudattaa deterministisesti (B. Russell).

*Dialektiikka à la Hegel tarkoittaa siis oppia, jonka mukaan ihmiskunnan kehitys tapahtuu "hedelmällisten ristiriitojen" sulautuessa uutta luoviksi synteeseiksi.

Koska Marxin ja tietysti myös Engelsin näkemyksistä puuttui eettinen perusta, se johti väistämättä niihin täysin moraalittomiin tekoihin, joita tämän luokkataistelun nimissä suoritettiin. Marxilainen "moraaliteoria" uskoo, että kun ihmisellä on loputtomasti kulutettavaa eikä rahaa tarvita, niin syntyy "uusi ihminen", moraaliltaan täydellinen. Luokkataistelu on marxilaisen filosofian A ja O ja luokkaviha välttämättömyys. Marx: "Väkivalta on historian kätilö."

Vainoharhaisten reaalisosialististen maiden harjoittama luokkataistelupolitiikka johti siihen, ettei "häviämään tuomittujen yhteiskuntaluokkien" ihmisten hengillä ollut mitään väliä: heitä sai vainota, laittaa pakkotyöhön ja tappaa. Jo yhden lehmän omistaminen teki ihmisestä "riistäjän ja kapitalistin."

On kirjoitettu, paljonkin, ns. "vapautuksen teologian" ja marxilaisuuden yhteneväisyydestä. Varmasti tätä yhteneväisyyttä löytyy, mutta vapautuksen teologian mukaan kaikkia köyhiä on autettava, puhdasoppinen marxilaisuus kiistää tämän jyrkästi: todella köyhät ovat yhteiskuntaluokistaan pudonneita ihmisiä, vaarallisia sosialistiselle vallankumoukselle. Marxille nämä todella köyhät ihmiset olivat "lumppenproletariat" (ryysyköyhälistö), jotka olivat valmiita myymään itsensä mille tahansa yhteiskuntaluokalle maksua vastaan. Marx inhosi syvästi köyhiä ihmisiä. Vapautuksen teologia lähtee eettiseltä perustalta, kun taas marxilaisuus ei missään muodossaan pyri tekemään moraalisia johtopäätöksiä. Marxilaisuudelle työväestökin on vain väline valtaan pääsemiseksi, ei muuta.

Marxille vain työväenluokan luokkatietoisuus oli avain kaikkien yhteiskuntaluokkien hävittämiselle sekä edellytys kommunistiselle, maanpäälliselle paratiisille: siinä ei käytetty rahaa, kaikkea sai ilmaiseksi, koska yhteiskunnan varastot ja varannot ovat loputtomat. Mikään luonto ei kuitenkaan tällaista kestä. Tämä on utopia, joka vaatii toteutuakseen moraalisesti lähes täydellistä ihmistä. Marx ei luultavasti ajatellut loppuun asti sitä, että mitenkä verta tihkuvasta, loppuun asti moraalittomasta luokkataistelun voittajasta voisi tulla moraalisesti täydellinen ihminen. Täydellisellä moraalittomuudellaan loisti myös V. I. Lenin, joka riisti ns. porvareilta ihmisarvon: "luteet", "kirput", "syöpäläiset" ja "loiseläjät" Hän ajoi käytännössä kokonaisen yhteiskuntaluokan mielivaltaista joukkomurhaa. Mutta Marxin utopiasta syntyi kuitenkin demokraattisesti toimiva, väkivallaton työväenliike, lähinnä E. Bernsteinin johdolla. Saavutukset olivat sen verran vakuuttavia, että Engels totesi happamasti, että meillä on Englannissa koko maailman porvarillisin työväenluokka.

Jotkut tutkijat ja kirjailijapoliitikot ovat luoneet käsitteen "kulttuurimarxilaisuus", jota näiden oppineiden ja vähemmän oppineiden mukaan harjoittavat erinäiset pienryhmät (ekologiset liikkeet, seksuaalivähemmistöt, rodullista syrjintää vastustavat ym. ryhmittymät ja yhden asian liikkeet). Kulttuurimarxilaisten on sanottu myös vastustavan ns. "porvarillista elämäntapaa", mitä sitten tällä elämäntavalla tarkoitetaankin. Onko se vaatetuksen, ruokailutapojen tms. asioiden vastustamista, ja jos on, niin kovin köykäiseksi on marxilaisuus mennyt. Luokkatietoisen marxilaisen työväenliikkeen taistelut on tässä visiossa kyllä loppuun taisteltu. Jäljellä ei ole paljon muuta kuin itujen kasvattaminen ja homofobian vastustaminen.

Pahamaineinen sarjamurhaaja liitti näihin "kulttuurimarxilaisiin" ryhmiin oman maansa demokraattisia vasemmistolaisia nuorisoryhmiä ja tuloksena oli verilöyly. Hedelmistään puu todellakin tunnetaan. Breivik vastusti ja vihasi hyvin epämääräistä "kulttuurimarxilaisuutta", joka hänen mielestään suosi pakolaisia ja muita turvattomia ihmisiä (rikollisjoukkiot eivät ole mitään turvattomia ihmisiä, eikä näitä voi luokitella apua tarvitseviksi), jotka ovat hakeutuneet länsimaihin. Näillä teoillaan tämä "kristillisten länsimaiden puolustaja" hakkasi säpäleiksi kristinuskon perustan: Kristus Vapahtaja vertasi vihaamista murhaan ja hän oli myöskin itse syntynyt pakolaisena.

Kulttuurimarxilaisiksi on leimattu eräitä 1960 -luvulla vaikuttaneita filosofeja, esimerkiksi Frankfurtin koulukunnan ns. "uusvasemmistolaisia" filosofeja. Tämä koulukunta yhdisteli Marxia ja Freudia melkein tunnistamattomaksi sillisalaatiksi, jossa ei ollut kunnolla kumpaakaan. Oikeaoppiset marxilaiset ovat esittäneet, että kylmän sodan aikana koulukunnasta muodostui "uusvasemmistolaisen" antikommunismin ja vääristelemisen väline. Esimerkiksi Frankfurtin koulukunnan filosofi J. Habermas on suuntautunut "revisioituun" marxilaisuuteen eli sosiaalidemokratiaan, joka on oikeaoppisen marxilaisuuden pahin vihollinen. Frankfurtin koulukunnan filosofia voi olla vasemmistolaista, mutta marxilaista se ei missään nimessä ole. On myös väitetty, että niin sanottu "hyvinvointivaltio" olisi jossain muodossa sosialistinen. Tämä on jyrkästi torjuttava. Ensinnäkin hyvinvointivaltiota alettiin rakentamaan jo keskiajalle tultaessa niiden kristillisten laupeuden periaatteiden mukaisesti, jotka jo alkukirkossa vaikuttivat: kaikista veljistä ja sisarista pyrittiin pitämään huolta: sairaista, työkyvyttömistä, vammaisista, köyhistä jne. Toisekseen uskonpuhdistuksen jälkeen valtio (kuningas) otti haltuunsa ennen kirkolle kuuluvia hyväntekeväisyystehtäviä (ei kaikkia, sillä kirkko jatkoi edelleenkin heikompiosaisten auttamista) saadessaan omistukseensa suuren osan kirkon omaisuudesta. Jatkuvien sotien takia tämä valtion takaama tuki oli aikalailla olematonta, mutta talonpoikien (siis vapaiden talonpoikien) omistama maa riitti kyllä hengen pitimiksi (Pohjoismaat) ja mikä tärkeintä myös köyhäinhoitolakeja säädettiin.

Hyvinvointivaltio on kuin kermakakku, jota on kasvatettu aina historiallisten olosuhteiden mukaisesti. Tässä prosessissa ei ole mitään sosialistista, vaan tämä on tapahtunut modernina aikakautenamme demokraattisten periaatteiden perustalta. Sosialismi tarkoittaa tuotannontekijöiden, tuotantokoneistojen jopa ihmistyövoiman ottamista yhteiskunnan, käytännössä valtion haltuun. Ihmistyövoiman osalta tämä tarkoittaa orjuuden palauttamista ja yksityisomistuksen - ja omaisuuden hävittämistä. Edesmenneiden sosialistivaltioiden tiedemiehet pitivät erityisesti pohjoismaisia hyvinvointiyhteiskuntia monopolikapitalistisina valtiojärjestelminä: tuotantokoneistojen omistajat saavat ylivoittoja, joista sitten jakavat osan työväenluokan ylimmille kerrostumille. Näkemykseni on toinen: työväenluokka keskiluokkaistui, erityisesti 1970–80 -luvuilla.

Kaiken kaikkiaan marxilaisuus on maallinen uskonto: lankeemus = luokattomasta alkuyhteiskunnasta luokkayhteiskuntaan; lupaus pelastuksesta = kommunismi; pelastus = luokaton yhteiskunta loputtomine varallisuuksineen, maanpäällinen paratiisi. Miten tämä onnistuu moraalisesti vajavaiselta ihmiseltä, joka vielä luokkasotien voittajana istuu pääkallopinojen päällä? Ei mitenkään, ja kokeilut ovat päätyneet ihmiskarjan teurastukseen.

III EKOLOGIA

Modernina aikakautenamme yhdeksi keskeisimmäksi asiaksi on noussut ihmisen luontosuhde. Monille luonto itsessään näyttäytyy, jos ei Jumalana, niin ainakin melkein. Ihminen on syntynyt luonnosta ja sinne hän palaa, kun maallinen vaellus päättyy. Varsin materialistinen näkemys. Luonto on, jos ei ikuinen, niin ainakin melkein.

James Lovelock kehitti Gaia-hypoteesin, jonka ajatuksena oli se, että maapallomme toimii eräänlaisen superorganismin tavoin itseään säätelevänä kokonaisuutena. Lovelockille Gaia ei kuitenkaan näytä olevan täysin panteistinen jumaluus, vaan se on pikemminkin pelkkä organismi, joka on voinut syntyä itsestään, jonkinlaisen kosmisen evoluution tuloksena. Tämä kuitenkin alkaa näyttämään jonkinlaiselta uskonnollisperusteiselta opilta. Lovelockin näkemystä on kritisoitu useilta eri tahoilta, mutta ainakin New Age -liike näyttää ottaneen sen omakseen pyrkiessään suojelemaan luontoa ja kaikkea elävää.

Nämä ekologiset liikkeet ja ryhmät ovat sidoksissa biologismiin ja evoluutioteoriaan, joitakin poikkeuksia lukuun ottamatta (esimerkkinä kreationistiset luonnonsuojelijat). Ainakin minulle, kristittynä ja kristillisen uskon puolustajana, on selvää, että Luoja ei ole luonut elinympäristöjä ihmisille ja eläimille sen takia, että niistä tulee haisevaa jätettä ihmisen rajattoman taloudellisen ahneuden takia.

Luonnonsuojelu on nykyisin sidoksissa erityisesti siihen kamppailuun, jota käydään nk. ilmastonmuutoksen ympärillä. Paul Crutzen, hollantilainen tiedemies ja Nobel-palkittu kirjoittaa: "Ihmiset ovat muuttaneet ilmakehän koostumusta; fossiilisten polttoaineiden käyttö ja metsien hä-

vittäminen on yhdistelmä, jonka takia ilman hiili-
dioksidipitoisuus on noussut neljälläkymmenellä
prosentilla kahden vuosisadan aikana, samalla
kun metaanin, vielä voimakkaamman kasvihuo-
nekaasun pitoisuus on yli kaksinkertaistunut."
   Kun ilmasto muuttuu radikaalisti, kaikki elävä
kärsii, jopa tuhoutuu. Miksi Jumala sallii tällaisen
tuhonkierteen? Siksi, ettei hän puutu ihmisen va-
lintoihin tekemällä pahasta hyvää, korjaamalla
väärien valintojen tuloksia tai estämällä ihmistä
toimimasta. Ihminen on autonominen olento, joka
on vastuussa tekemisistään ennen kaikkea itsel-
leen, elinympäristölleen ja lopulta sitten Luojal-
leen. Jumala tuntuukin auttavan enemmän ihmi-
syksilöitä kuin yhteisöjä.
   Vastauskontona, ateismina, näille ekologisille
liikkeille ovat ilmastoskeptikot, joiden mielestä
lämpötilan vaihtelut johtuvat auringosta, kos-
moksen häiriöistä ym. yli – inhimillisistä, mate-
riaalisista, tekijöistä. Tässä voi olla tietysti perää-
kin, mutta ihmisen luontoon kohdistuva riisto on
niin voimaperäistä, että vaikutukset luonnossa
ovat kyllä kaikkien nähtävillä. Näille skeptikoille
tuntuu olevan tärkeintä se, että kulutuskoneisto
jauhaa rahaa ja tavaroita loputtomana ketjuna.
Sanotaan, ettei raha haise, mutta tämä raha var-
muudella haisee. Rajallisistakin luonnonvaroista,
kuten öljystä, pitää saada kaikki irti siihen asti,

kunnes se lopullisesti loppuu (arvio: muutama sata vuotta, meidän jälkeemme vedenpaisumus). Kuitenkin Yhdysvaltain talousliberaalit huutavat yhteen ääneen, että "Poraa, beibi, poraa!"

Jotakin ilmastoskeptikoidenkin on myönnettävä tosiasioiksi: merten happamoituminen on kovaa faktaa. Kolmannes ihmisten tähän mennessä pumppaamasta hiilidioksidista on sitoutunut mereen. Jotkut skeptikot pitävät hiiltä vain elämän lähteenä (mikä on tietysti totta), joten kaikki hiiliyhdisteet ja hiilipohjaiset tuotteet, elleivät ole täysin vaarattomia, niin kuitenkin neutraaleja luonnon ja ihmisen näkökulmasta. Tämän kumoaa jo se, että pakokaasu, hiilimonoksidi, on hiilen ja hapen yhdistelmä eli häkä. Tähän kuollaan eikä olla elossa.

Happamat valtameret ovat kolmekymmentä prosenttia happamammat kuin esiteollisena aikana. Jätepyörteet Tyynellä valtamerellä ja Atlantilla jauhautuvat pieniksi muovinpalasiksi (öljypohjaisia eli hiiliperusteisia), jotka sitten joutuvat kalojen vatsaan, ja tätä kautta löytävät tiensä ihmisten ruokapöytään. Ihminen pelaa venäläistä rulettia luontoympäristönsä kanssa ja jossain vaiheessa saasteluoti osuu väistämättömästi omaan päähän (Jesaja 24).

Maailman väestön rikkaimmat 10 prosenttia aiheuttavat lähes 50 prosenttia maailman päästöistä, ja rikkaimmat 20 prosenttia ovat vastuussa 70 prosentista ja kriisin seuraukset, tietysti, vaikuttavat ensin maailman köyhimpiin ihmisiin. Tässä prosessissa ei todellakaan ole kysymys ihmisten lukumäärästä, vaan heidän kulutuksestaan ja kulutustottumuksistaan. Pitäisi pyrkiä elämään luonnon tuottamilla koroilla eikä kuluttaa vain pääomaa.

Luoja on asettanut ihmisen puutarhuriksi luomaansa luontoon, ei riistäjäksi. On turha toivoa sitä, että Jumala viime kädessä korjaa ihmisen aiheuttamat luonnon tuhot; ei korjaa. Miksi ei? Koska elinympäristöstä huolehtiminen on yksin ihmisen vastuulla.

Jos ihminen tekee Luojansa luomasta luonnosta kaatopaikan, se on yksinomaan ihmisen häpeä, ei Luojan. Jumala on antanut ihmiselle järjen, valinnanvapauden sekä tietoisuuden ja omantunnon, joita hän voi käyttää tuottamiensa ongelmien ratkaisemiseksi. Mikä siis on loppujen lopuksi tämän ekologisen kriisin taustalla? Ihmisen pohjaton ahneus: kaiken muuttaminen rahaksi ja sen muuttaminen rikkaudeksi (myös fiktiiviseksi). Tässä rikkauden kasaamisessa on sekin puoli, että todellinen, elävä, sielullinen ja ihmisiä rakastava tietoinen jumaluus häviää ihmisten mielistä. Vain aineellisuudella on merkitystä, mutta siitäkään ei loppujen lopuksi saada tyydytystä. Luonto kyllä saadaan tuhotuksi tämän kulutushysterian seurauksena: mm. jotkin Afrikan maat ovat muuttuneet länsimaiden ja muidenkin teollisuusvaltioiden tuottaman jätteen kaatopaikoiksi. Erityisesti vaarallisuudestaan tunnetut puhelimien akut ovat kasautuneet Afrikkaan.

Valitettavasti hyvän asiaa puolustamiseksi on alettu käyttämään myös väkivaltaisia menetelmiä (näitä ei voi koskaan hyväksyä). On syntynyt erilaisia ekofasistisia liikkeitä sekä yksittäisiä ekoterroristeja (mm. Unabomber). Ekofasismi perustuu ns. syväekologiaan, jonka lähtökohtana on luonnon suojeleminen luonnon itsensä vuoksi totalitaristisen hallinnon keinoin. Ihmisen vaikutus luontoon on pyrittävä supistamaan minimiin, mikä edellyttää jyrkkää ihmisväestön vähentämistä. Monet (elleivät peräti kaikki) ekofasisteista ovatkin darwinperusteisen eugeniikan kannattajia. Tällaiset opit ovat syvällisiä ainakin siinä mielessä, että ne vastustavat kaikin tavoin ihmisen erityisasemaa luonnossa, mutta kuitenkin samalla antavat ihmiselle erityisaseman: vaarallisin eläin. Kun Jumala hylätään, seurauksena on aina jonkinasteista pahuutta sekä moraalista turmellusta.

Toiselta puolelta aitaa katselee sitten se ryhmittymä, jonka mielestä luonnosta pitää ottaa esteettömästi irti kaikki mahdollinen, mitä siitä on saatavissa. Tällaiset egoistiset ihmiset ovat varsinaisia pikkuperkeleitä, joiden sotahuutona on: "Minä, minä, minä". Kunhan minä saan halpaa polttoainetta, kunhan minä saan rahaa keinolla millä hyvänsä, kunhan minä saan, mitä milloinkin haluan. Toisista ihmisistä eikä mistään muustakaan ole sitten oikeastaan mitään väliä. Varsinaista utilitarismia.

On valitettavaa, että markkinataloudessa (joka on kuitenkin se ainoa, todella toimiva talouden muoto) liian monesta ihmisestä tulee laskelmoiva, omaa etuaan häikäilemättömästi ajava, lähimmäistensä hätään välinpitämättömästi suhtautuva, moraaliltaan alamittainen, kaikenlaista kristillistä sanomaa vastustava pakana. Tämän ajattelun ja käyttäytymisen perustana on oman edun filosofia selviytymistaisteluineen ja uskontona on rahan ja kaikenlaisen maallisen hyvän palvonta. Näiden ajatuskuvioiden taustalla ei ole mikään muu kuin Darwinin evoluutioteoria ja sen johdannainen: sosiaalidarwinismi.

Näihin darwinisteihin ei kuitenkaan ole paljon luottamista, sillä se on lähinnä ideologista, dogmaattista sekä fundamentalistista ajattelua. Thomas Huxley, Darwinin bulldoggi puhui 1883 kansainvälisessä talousnäyttelyssä seuraavasti: "Turskavedet ovat ehtymättömät, toisin sanoen mikään, mitä teemme, ei vaikuta merkittävästi kalojen lukumäärään. Yritys säännellä näiden kalavesien käyttöä on siksi turhaa." Koska tämäkin arvio epäonnistui näin pahasti, niin mitä luottamista meillä on koko evoluutioteoriaankaan? Eikö se ole lähinnä todisteiden mielivaltaista sijoittamista oletetun evoluution viitekehyksen sisälle, antiteorian, jossa rattaat on pantu hevosen eteen: Ensin keksittiin teoria ja sitten sille alettiin etsiä todisteita, sellaisia, jotka voidaan muokata sen sisään sopiviksi.

Luonnon kanssa sopusoinnussa eläminen ei ole pelkästään Jumalan meihin iskostama aate, vaan se on ainoa tapa elää tuhoamatta luontoa ja itseään ihmistä. Äärimmäisellä köyhyydellä ja rajattomalla ahneudella on yhteinen nimittäjä: Kuolema.

Aatteiden, ideologioiden ja oppien joukosta löytyy myöskin usko, usko uskontona ja oppijärjestelmänä. On syytä pohtia sitä, minkälainen on historiallisten tapahtumien ja väkivallan yhteys kristillisen vakaumukseni pohjalta.

IV KRISTILLINEN USKO

Esikuvani on Jeesus Kristus, jota kutsun myös vapahtajaksi ja pelastajaksi. Jeesuksen eettisen ihmisen tulee suunnata energiansa kaikkein heikoimmassa asemassa olevien auttamiseen. Jumalan tarkoituksena on, että kaikilla hänen lapsillaan on tarpeelliset taloudelliset edellytykset hyödylliseen ja terveelliseen elämään (Martin-Luther King). Näin ei näytä nykyisin asiat olevan näissä sosiaalidarwinististen hallitusten hallitsemissa maissa: Kaikkein köyhimpien kimppuun hyökätään häikäilemättä (kannustamisen tms. sinänsä hyvän asian, nimissä), sillä tarkoituksena on heikentää köyhien elintasoa entisestään, jotta kaikkein varakkaimmille voidaan tarjota vielä enemmän rikkauksia, vielä hienompaa elämää ja vielä enemmän mammonaa. Muistutan kuitenkin Kristus Vapahtajan Lasarus vertauksen merkityksestä myös nykyajalle. Välillä tuntuu siltä, että nämä sosiaalidarwinistiset vallassaolijat vihaavat, ainakin jollakin tasolla köyhiä, mutta rakastavat rikkaita, valtaa ja mammonaa. Sangen ylimielistä ja röyhkeääkin politiikkaa. Muistakoot kuitenkin sen, että Jumala muistaa: "Jumalan kirves on pitkäs varres" kuuluu vanha sanonta.

M-L Kingin mukaan kovasydäminen ihminen ei voi rakastaa vilpittömästi. Hän on kokonaan hyödyntavoittelun pauloissa ja arvostaa ihmistä sen mukaan, kuinka paljon hän voi hyötyä heistä. Kristus Vapahtaja kritisoi radikaalisti aikansa valtajärjestelmiä, jotka kanavoivat rikkaudet muutamille harvoille ja tekivät monista äärimmäisen köyhiä. Tällaisesta kovasydämisyydestä ja rakkaudettomuudesta syntyvät sitten vihamielisyydet, pelot, tuskat, ahdistukset ja psyykkinen hätä. Sille, joka elää rakkaudettomassa tilassa, Jeesus tuo hyvän sanoman: väkivallattoman suvaitsevaisuuden läpitunkeman sanoman syntien anteeksiantamisesta, uudesta elämästä Jumalassa ja rauhan sydämessä. Voiko enempää enää toivoa? Kristillinen usko on siis uskollisuutta Jeesukselle herrana, ei elämämme pyrkiville petollisille herraehdokkaille, joita voivat olla kansa, valtio, vaikutusvalta, saavutukset, perhe tai mielihalut (M. Borg).

Jeesuksen seuraaminen ei ole mikään yksinkertainen ja helppo asia, mutta asia, jota kannattaa ainakin yrittää noudattaa (Kristus Vapahtajahan kehotti: olkaa yhtä täydellisiä kuin isänne on taivaissa), vaikka epäonnistumisia sattuisikin.

Mihin Jeesuksen seuraajan on sitten sitouduttava? Väkivallattomuuteen, lähimmäisten, myös vihollisten rakastamiseen, anteeksiantamiseen ja suvaitsevaisuuteen. Se, mikä tässä on keskeistä, on sitoutuminen väkivallattomuuteen, sillä niin kuin viaton karitsa viedään teuraalle, niin alistui Kristus Vapahtaja, täysin syyttömänä, hirvittävään ristinkuolemaan minun, sinun ja meidän kaikkien puolesta, uhrina syntien anteeksiantamiseksi ja osoitukseksi Jumalan rakkaudesta ihmistä kohtaan.

Eräs teologi spekuloi kuitenkin sillä, että Jeesus

olisi voinut olla jonkinlainen macho-mies ja paikallispatriootti. Olisiko hän toiminut omia sanojaan vastaan: "Ken miekkaan tarttuu, se miekkaan hukkuu." Keihästä, kilpeä ja miekkaa heiluttava Jeesus Kristus on minulle täysin uudenlainen näkökulma Jeesuksen persoonasta. Sanoihan Kristus Vapahtaja tosin sen, että hän tuo maan päälle miekan, mutta se luultavimmin tarkoitti sitä, että ne, jotka seuraavat Jeesusta voivat joutua vihollisuuksiin jopa oman perheensä kanssa: "Ihmisen vihamiehet tulevat olemaan hänen oman talonsa väkeä." (Matt. 10:36). Paikallispatriotismiin kommentoisin sen verran, että koska kyseessä on reaalinen jumaluus, kaikkien ihmisten Luoja ja elämän antaja, synnyttäjä ja isä, niin en usko, että hän universaalina olentona vetäisi todellisia rajaviivoja eri ihmisryhmien kesken (Juutalaiset tosin olivat ja luultavasti ovat Jumalan omaa kansaa, mutta Jeesuksesta lähtien ihmiskunta elää yhden ainoan jumaluuden varassa. Ristin kuolema koski koko ihmiskuntaa). En myöskään usko sitä, että hän olisi sekaantunut valtapolitiikkaan jonkin ryhmän puolesta tai sitä vastaan. Juutalaisuuden aikana tällainen patriotismi tarkoitti lähinnä roomalaisvastaisuutta ja -vihaa (roomalaiset olivat miehittäjiä). Suhtaudun patriotismiin omalta kohdaltani tunneperäisenä asennoitumisena omaa kotiseutua ja – maatani kohtaan. Omaan maahan on aina hyvä palata, kunhan muistaa antaa arvon vieras-maalaistenkin paikallispatriotismille.

Kristinusko on aina ollut köyhien ja syrjittyjen uskonto. Matt. 6:2–3: Köyhiä tuli auttaa heidän hätänsä tähden eikä etsien toisten arvostusta. Tänäkin päivänä kristittyjen määrä kasvaa eniten siellä, missä on paljon kurjuutta. Mikä valtava ero tässä on kysymyksessä maallisiin uskontoihin, kuten marxilaisuuteen verrattuna. Oikeaoppisen marxilaisuuden mukaan todella köyhät, ryysyköyhälistö, eivät olleet edes yhteiskuntaluokka, vaan pelkkä taantumuksellinen ryhmä, jonka jäsenillä ei ollut edes ihmisarvoa (päinvastoin kuin mm. vapautuksen teologiassa). Kristinusko lähtee eettiseltä perustalta, marxilaisuus taloudelliselta. Toisaalta nämä maalliset uskonnot: kommunismi, natsismi ja fasismi ovat vastauksia maallisiin ongelmiin, lähinnä aika ajoin toistuville kriiseille (talouspulat ja -kriisit). Ne ovat väkivaltaisia ja ei-toivottavia vastauksia, mutta toivottomuudessa eläville monesti ainoita mahdollisia. Kun varattomuus iskee, moraali katoaa ja Jeesuksen seuraamisesta voi tulla ylivoimaista.

Miten sitten teologiset opit edesauttavat Jeesuksen seuraamista vai auttavatko mitenkään? Kirkko on kuitenkin länsimaissa jonkinlainen voimatekijä, jonka opeilla on vaikutusta ihmisiin. Jos meillä ei ole uskoa Jeesuksen ylösnousemukseen, ristinkuolemaan, ei Raamatun ilmoitukseen eikä mihinkään muuhun, joka on ns. "yliluonnollista" (se, mikä meille on yliluonnollista, on Jumalalle luonnollista ja luontaista), jäljelle ei jää muuta kuin liberaali teologia (eräänlaista uusliberalismia tämäkin); jumaluusoppi ilman kaikkivaltiasta Jumalaa, teologia historiantutkimuksena ja teologia materialistisen filosofian jatkeena.

Tämän kehityksen aloittivat 1800- ja 1900 -lukujen teologit, jotka saivat aineksia ajatteluunsa darwinismista sekä materialistisesta filosofiasta. Tarkoituksena oli repiä kappaleiksi Raamatussa selvästi ilmoitettu triadi: sortuminen syntiin (ts. lankeemus), lupaus Messiaasta ja pelastuksesta ja Messiaan uhrikuolema Jumalana ihmisten edessä ja ihmisten puolesta syntien anteeksiantamiseksi sekä osoitukseksi Jumalan rakkaudesta ihmiskuntaa kohtaan. Jumala oli valmis tekemään ihmiskunnan puolesta ihan mitä tahansa, jotta ihmiset uskoisivat. Jos tämä hyvä sanoma tuhotaan, ei Raamatusta jää jäljelle muuta kuin jonkinlainen historiallinen dokumentti.

Tämän ns. historialliskriittisen koulukunnan ainoana tavoitteena oli tuhota tämä hyvä sanoma eli Raamatun ilmoitus. Ernst Troeltschin mukaan mikään ei saa välttää kritiikkiä (paitsi oma kritiikki, omaa kritiikkiä ei saanut kritisoida, muita kylläkin). Kaikkia tekstejä ja traditioita on saatava tutkia ja ne on voitava kyseenalaistaa, myös raamatullisia tekstejä muiden mukana (niinpä tietysti) Troeltsch esitti myös analogian periaatteen: jotta voimme uskoa, että jokin tapahtuma on tapahtunut aiemmin, sille on löydettävä analogia omasta ajastamme. Löydämmekö jonkun ylösnousseen? Ellemme löydä, ylösnousemusta ei ole tapahtunut. Jos keisari Nero olisi todellisuudessa polttanut Rooman, niin löydämmekö omasta ajastamme analogian? Jos emme löydä, keisari Nero ei ole koskaan polttanut Roomaa. Näinkö se menee?

Materialistiteologi R. Bultmannin mukaan: "Sellainen historiallinen tosiasia, johon sisältyy ylösnousemus kuolleista ei ole edes ajateltavissa." Naturalistiteologi A. von Harnack: "Olemme täysin vakuuttuneita siitä, että se, mikä tapahtuu ajassa ja tilassa, tapahtuu luonnonlakien alaisuudessa. Mitään luonnonjärjestystä rikkovia "ihmeitä" ei voi tapahtua." Sekä: "Elämme ja olemme suljetussa kosmoksessa, joka toimii ainoastaan luonnonlakien mukaisesti." Tosin on jätetty vähemmälle huomiolle se tosiasia, että ihminen itse rikkoo näitä luonnonlakeja menemällä näiden luonnonlakien ja kosmoksen ulkopuolelle ja vasta sitten julistaa, ettei ole olemassa muuta kuin luonnonlait! Ihminen ikään kuin asettuu materiaalisen olemassaolon ulkopuolelle, ja siitä käsin luulee ymmärtävänsä mitä olemassaolo on, siis luonnonlait, ei muuta.

Tutustukaamme vielä yhteen aikakautemme

teologiin: piispa John Shelby Spongiin. Hänen mukaansa: "Raamatussa ei missään kohdassa yksinkertaisesti väitetä, että Jeesus on Jumala" (kummallinen väite, koska koko Uusi Testamentti perustuu Kristuksen jumalallisuuteen). Spong on myös islamilaisen teologian ytimessä: "Väite, että Pyhä Jumala olisi kuollut on älytön." Kuitenkin Spong pitää Jeesusta jossain mielessä jumalallisena: "Jeesuksen kohtaaminen merkitsee, että on kohdannut Jumalan." (vaikka vähän aikaa sitten väitti päinvastaista). Spongilla on myös varsin kummallisia käsityksiä Raamatun merkkihenkilöistä: "Paavali oli homo. Syvästi pidättyvä ja itsensä kieltävä homoseksuaalinen mies." Mistähän nämäkin fantasiat ovat peräisin?

Spongin mielestä kirkko karkottaa luotaan luovimmat ajattelijat ja se on kautta vuosisatojen taistellut kaikkea uutta tietoa vastaan ja tuominnut kaikenlaiset uudet keksinnöt ja havainnot. Spongille luonnontieteen saavutukset, tiede (so. naturalistis-materialistinen tiede) on perusta, jolle oikean maailmankatsomuksen on rakennuttava.

Kirkon historia on Spongille synkkää aikaa: "Ristiretket, inkvisitiot, epäinhimillinen antisemitismi sekä räikeät, jopa tappavat rasistiset, seksistiset ja homofobiset asenteet." Spong mustamaalaa kristillistä yhteisöä kaikin mahdollisin tavoin ja perustan tälle antaa – mikäs muu kuin Darwinin Lajien

Synty! Spongin mielestä tämän Darwinin teoksen ilmestymisen myötä alkoi viimeistäänkin uskonnollisilta selityksiltä pudota pohja pois (miltähän tämä pohja putosi, ks. kirjoittamani ensimmäinen essee elämän synnystä). Spongille kreationismin nimellä kulkeva käsite ei ole paljon muuta kuin tyhjää puhetta, josta kuvastuu pelokas ja aikansa elänyt uskonnollinen ajattelutapa. Spongille ainoa toivo on jättää taaksemme käsitykset ulkoisesta, yliluonnollisesta ja inhimilliseen elämään vaikuttavasta Jumalasta ja matkata pidemmälle.

Koska ei ole olemassa mitään elämän ulkopuolista Jumalaa, niin teistinen Jumala korvataan olemisen itsenä perustalta. Oleminen on jumaluutta ja olemisen funktio on rakkaus. Mutta ulkoiselle, ylimmälle olennolle osoitetut rukoukset ovat vailla merkitystä. Spong, siis kirkollinen piispa: "En usko mihinkään yliluonnolliseen jumaluuteen." Kiitos Darwinin evoluutioteorian; jopa Jumalan palvelijat ovat menettäneet uskonsa: "Evoluutioteoria teki Aatamista ja Eevasta tarpeettoman." Ja edelleen: "Käsitys persoonallisesta jumaluudesta, joka ohjailee yksittäisten ihmisten kohtaloita historiassa maailman ulkopuolisesta näkökulmasta käsin tarkkaillen, puutuen asioihin, palkiten ja rangaisten on kuollut ja kuopattu."

Koska havaitsemme ettei mitään ulkoista Jumalaa ole olemassa, meidän on alettava etsiä jumalaa omasta sisimmästämme. Spong julistaa ihmisen ihmiselle jumalaksi valistuksen "parhaiden" periaatteiden mukaisesti, vaikka ihminen on hyvin vajavainen ja epätäydellinen olento. Mutta Spong väittää, että jumalallinen huolenpito on ihmisten toisiaan kohtaan osoittamaa huolenpitoa. Tulevaisuuden jumalanpalvelus ei tule suuntautumaan ulkoista Jumalaa, vaan ihmisyhteisöä kohti. Käytännössä tämä tarkoittaa paluuta pakanuuteen ja materiaalisen hyvän sekä ihmisen älyn nostamista palvonnan kohteeksi. Kuitenkin Spongin mielestä Jumala on oman inhimillisyytemme syvyyksissä. Mutta todella syvällä, siitä todistaa ihmiskunnan historia. Jos ihminen on todellakin ainoa olento, jota toinen ihminen voi kunnioittaa, niin tästä seuraa kuoleman ja kuolleen aineen viimekätistä palvontaa, sillä ilman ulkoista Jumalaa ihminen on syntynyt perustaltaan kuolleesta aineesta. Ihmisen palvonnan takana kurkkii kuolema itse.

Mutta Spong jatkaa materialistista vyörytystään: on sanouduttava irti ihmekertomuksista, joissa mm. Jeesus herää fyysisesti eloon; ne ovat vain legendaa. Lopputulemaksi saadaan se, joka määrittää olemista eli materialistinen usko ja luonnontiede. Synnintunnustus on sen näkemistä, että olemme määritelleet elämämme evoluution värittämän menneisyytemme valossa. Iankaikkinen elämä, so. ei mitään, on elämää ilman taivasta ja helvettiä. Palkinto ja rangaistus on niin täydellisesti kyseenalaistettu, ettei niitä ole. Taivas ja helvetti ovat menneet niiden mukana. En tiedä mitä reittiä Perkeleen asiamies on päätynyt kristilliseksi piispaksi, mutta tämä ei tietystikään ole Spongin vika, vaan todistaa osaltaan länsimaisen kirkon syvästä rappiotilasta.

Spongista on tullut Kuoleman, kuolleen aineen puolestapuhuja, materialisti ilman elävää tai sielullista perustaa. Spongille jumala on ulkoisessa muodossaan materialismia tai naturalismia ja sisäisessä mielessä taas ihmisyhteisö ja sen moraaliset ulottuvuudet: kärsivien auttaminen jne. Tämä ei kuitenkaan tee tällaisesta "kristinuskosta" (spongilaisessa merkityksessä) mitenkään ainutlaatuista: auttavathan pakanat ja ateistitkin toisiaan, sillä Jumala on pannut kaikkiin ihmisiin omantunnon.

Spongin materialismiin ja evoluutioteoriaan nojaava ultraliberaali teologia on saanut sijansa melkein kaikissa länsimaiden luterilaisissa ja protestanttisissa yliopistoissa. (Omassa ortodoksissa kirkossani tätä ongelmaa ei ole: se perustuu ajatukselle seurakunnasta Kristuksen näkyvänä ruumiina, lähimmäisenrakkauden kaikenkattavuutena, suvaitsevaisuutena sekä eläviä ja kuolleita yhdistävänä tosi kristillisenä kirkkona). Jos teologian opiskelun viitekehyksenä toimii evoluu-

tioteoria ja materialistiset opit, niin elävä Jumala
jää kyllä täysin tuntemattomaksi.

Modernille teologialle näyttää olevan luonteen-
omaista, että se alistuu maailmankatsomuksel-
listen ja poliittisten ideologioiden valtavirtaan.
Omaksutaan, tarkemmin miettimättä tai tutki-
matta materialistiset ja jopa rasistiset opit. Esi-
merkiksi Natsisaksan johtavia teologeja, kuten
G. Kittel, P. Althaus ja E. Hirsch, oli hakeutunut
kansallissosialistien liittolaisiksi heti puolueen
valtaan pääsyn jälkeen. Teologian professori Kit-
tel oli pitänyt epätavallisen jyrkän antisemitisti-
sen puheen jo toukokuussa 1933. Sitä on pidetty
tuon vuoden jyrkimpänä kannanottona juutalaisia
vastaan. Kittel pohti puheessaan eri vaihtoehtoja
"juutalaiskysymyksen" ratkaisemiseksi. Teologian
professori punnitsi tyynesti karkottamisen, juuta-
laisten alentamisen "Saksan vieraiksi" ja joukko-
murhien hyviä ja huonoja puolia. Viimeksi mai-
nitun vaihtoehdon Kittel hylkäsi vain siksi, että
se oli käytännössä liian hankala toteuttaa. Tässä
väkivalta kytkettiin perustaltaan väkivallattoman
kristinuskon yhteyteen.

Ilman Raamatusta löydettävää ilmoitusta jäljelle
jää vain historiallinen dokumentti, jota voidaan
sitten lähdekriittisesti tulkita. Pelastuksen sanoma
vesittyy, Jeesuksen ylösnousemuksesta ja syntien
anteeksiantamisesta tulee legendaa. On tietysti

vielä jäljellä pappeja, jotka uskovat ristinkuolemaan ja todistavat ilmestyksestä sekä uskovat siihen, että Jumala on ilmoittanut itsestään, ainakin tärkeimmissä kohdin, Raamatussa.

Omakohtaisesti näen tämän asian niin, että Raamatun tapahtumien taustalla juoksee ns. punainen lanka: syntiinlankeemus, lupaus syntien anteeksiantamisesta ja pelastuksesta Messiaan avulla ja Kristus Vapahtaja luvattuna Messiaana. Pyrin pitämään tämän opin mahdollisimman puhtaana ja mahdollisimman yksinkertaisena, jotta erilaiset näkemykset ja näkökulmat, joita Raamatussakin on, eivät sokaisisi puhdasta oppia. Raamatussa nimittäin on erilaisia painotuksia, perimätietoa ja hyvin paljon yleisinhimillisiä tapahtumia. Jokin teksteistä irrallinen lainaus voikin olla epärelevantti kokonaisuuden kannalta. Esimerkiksi Johanneksen ilmestyksessä, "Ilmestyskirjassa" ei luultavimmin puhuta keisari Nerosta* ja hänen irrationaalisista teoistaan, vaan kristittyjen luopumuksesta Rooman vallan alle. Siinä myös tuomitaan sen aikainen kauppakapitalismi ja huijarikauppiaat. Ei tietystikään voi olla täysin varma onko tämä lopullinen totuus vai ei, mutta tällä tavalla voi moniselitteistä Ilmestyskirjaa myös tulkita. Tällaisten tulkinnanvaraisten kirjoitusten takia, on parasta pyrkiä pitämään kristillinen oppi mahdollisimman yksinkertaisena ja puhtaana triadina: lankeemus, lupaus pelastuksesta ja pelastus. (*Ilmestyskirjahan kirjoitettiin vasta paljon Neron kuoleman jälkeen: pedon luku 666 ei viittaa jo kuolleeseen keisariin, vaikka nimen kirjaimista saadaankin 666.)

Meille kristityille tärkein tapahtuma on tietysti Kristus Vapahtajan ristiinnaulitseminen ja uhrikuolema keisari Tiberiuksen (Caprin erakko) ja maaherra Pontius Pilatuksen (raaka, roomalainen sotapäällikkö, koska mikään humanisti ei voinut pitää jatkuvasti kapinoivaa maakuntaa kasassa, kuitenkin oikeudenmukainen sotaherra) aikana n. 30–33 jKr. Evankeliumit kertovat tästä tapahtumasta, vaikkakin jonkin verran eri näkökulmista, mutta tämä vain vahvistaa kertomuksien totuudellisuudesta. Historiantutkimuksen periaatteena kun on se, että samanaikaiset lähteet ja kirjoitukset osoittavat asiakirjan totuudellisuuden puolesta. Lyhyillä aikavaihteluilla ei ole kovin suurta merkitystä.

Jeesuksen syntilista oli varsin yksipuolinen: Hän väitti itseään Jumalan pojaksi (joka Hän tietysti oli), joka antoi syntejä anteeksi (se on Jumalan yksinoikeus) ja olipa vielä tosiasiallisesti synnitönkin (kuten Pilatus totesi). Joka tapauksessa paikallinen papisto villiintyi, erityisesti siitä, että Jeesus myönsi olevansa Jumalan poika: "Hän pilkkaa Jumalaa."

Oikeudenkäynnistä tuli farssi. Täydellisesti syytön tuomittiin, vaikka tuomari totesi hänet syyttömäksi. Itse asiassa Jumala tuomittiin Jumalan pilkasta kuolemaan rähinöivän kansanjoukon vaatimuksesta (joukossa tyhmyys tiivistyy), vaikka lopullinen ja tosiasiallinen päätösvalta oli Rooman viranomaisilla. Samalla suurrikollinen vapautettiin, vaikka Pilatus ehdotti Barabbaan tuomitsemista Jeesuksen sijasta (pääsiäisenä juutalaisilla oli lupa vapauttaa yksi vanki). Pilatukselle ei yksinkertaisesti jäänyt muuta mahdollisuutta kuin vapauttaa Barabbas ja tuomita synnitön Jumalan poika kärsimään ristinkuoleman koko ihmiskunnan syntien anteeksiantamiseksi ja rakkauden osoitukseksi ihmisenä eikä vain Jumalana. Ja kansa huusi: "Tulkoon hänen verensä meidän ja meidän lastemme päälle!" Ei olisi kannattanut huudella. Jo vuonna 70 jKr. Jerusalemin temppeli hävitettiin Vespaniuksen toimesta ja korvattiin keisarin patsaalla.

Koska huhuttiin, että Jeesus nousisi ylös kolmantena päivänä kuolemastaan, Josef Arimatialaisen (kalliohauta, mihin Jeesus oli haudattu) haudalle pantiin roomalaisista sotilaista koostuva vartio juutalaisten pappismiesten pyynnöstä, jotta Jeesuksen opetuslapset eivät varastaisi ruumista (naturalismi oli hallussa jo tänäkin aikakautena) En tiedä, mitä nämä sotilaat ovat miettineet, mutta en erehtyne paljon, jos arvelen, että nämä sotilaat ovat pitäneet tätä käskyä aikalailla mielettömänä: vartioida nyt kuolleen miehen hautaa varkauden varalta tai peräti siksi, ettei kuollut karkaa. O tempora, o mores!

Kuitenkin kävi niin kuin kävi: valkoisen salaman välähdys, joka teki sotilaat kuin kuolleiksi ja hauta oli tyhjä. Juutalaiset papit ja roomalainen virkakoneisto sopivat asian sitten niin, että vartiosotilaat pitävät suunsa kiinni (lahjuksilla ja uhkauksilla) ja tyhjän haudan selitykseksi päädyttiin alkuperäiseen selitykseen eli opetuslapset olivat sittenkin varastaneet ruumiin. Tätä ruumista ei kuitenkaan etsiskelty pitkin ja poikin Jerusalemia.

Koska ylösnousemus oli konkreettinen tapahtuma, Kristus Vapahtaja ilmestyi myöskin elävänä ihmisille. Ensin naisille, jotka olivat menossa haudalle kunnioittamaan Jeesusta. Mutta nämä naiset eivät tunteneet Kristusta, vaan luulivat häntä puutarhuriksi, sen verran outo, kummallinen ja mahdoton ajatus oli kuolleista palaaminen elävien kirjoihin (ei luontaista naturalismia, vaan pelkkää common senseä). Lopulta naiset uskoivat, että oli tapahtunut ihme, täydellisimmistä täydellisin ihme. Tämän jälkeen Kristus ilmestyi opetuslapsilleen. Ilman näitä ilmestyksiä kristinusko olisi kuollut kehtoonsa. Mitenkä tällaiset rahvaan miehet, kalastajat, olisivat voineet pysyä uskossa, jos ylösnousemusta ei olisi tapahtunut? Nämä opetuslapset olisivat joutuneet myöntämään, ettei Jeesus ollut sitä, mitä hän väitti olevansa eli Jumalan poika. Jeesus olisi valehdellut heille koko tarinansa joidenkin egoististen syiden takia ja kristinuskolta olisi pudonnut pohja pois. Nämä kalastajat olisivat luultavimmin palanneet entisiin toimiinsa, kalastukseen. Mutta Jeesuksen ilmestys pelasti kaiken. Hän jopa aterioi opetuslastensa kanssa. Tarjolla oli kala-ateria. Loppu hyvin kaikki hyvin, kun väkivaltaisesta kuolemasta syntyi suurinta mahdollista rakkautta.

Meille ortodoksikristityille yksi Kristus Vapahtajan elämän tärkeimpiä tapahtumia on Jeesuksen Kristuksen kirkastuminen 40 päivää ennen ristiinnaulitsemista: "Totisesti tässä joukossa on muutamia, jotka eivät kohtaa kuolemaa ennen kuin näkevät ihmisen pojan tulevan valtakuntansa kuninkaana." Se, minkä Kristus paljasti Taborin vuoren huipulla oli koko ihmisen – ruumis mukaan luettuna – jumaloituminen ja sen jumalalliseen kirkkauteen yhtymisen ilmentymää hänessä. Pyhän hengen kirkastamilla silmillä opetuslapset näkivät jumalallisen valon yhdistyneenä hänen ruumiiseensa. Hän palaa siinä samassa valossa, joka loisti ensin Taborin vuorella ja sitten hautaluolassa Hänen ylösnousemuksessaan. Tämä valo on jumalallistavaa armoa. Emme tietystikään voi olla aivan varmoja siitä, miten todelliselta tämä tapahtuma opetuslapsissa tuntui, osa heistä oli skeptikkoja, oliko se vain harhaa vai sittenkin totta? Joka tapauksessa näin tapahtui. Lopuksi Kristus Vapahtaja antoi lähetyskäskyn: Matt. 28:18–20: "Minulle on annettu kaikki valta taivaassa ja maan päällä. Menkää siis ja tehkää kaikki kansat minun opetuslapsikseni: kastakaa heidät Isän, Pojan ja Pyhän Hengen nimeen ja opettakaa heitä noudattamaan kaikkea, mitä minä olen käskenyt teidän noudattaa, ja katso, minä olen teidän kanssanne kaikki päivät maailman loppuun asti."

Koska uskontoja on paljon, enkö voisi vaihtaa uskontoani? Miksi olen ortodoksikristitty, onhan maailmassa muitakin uskontoja? Yksinkertaisesti siksi, että minulla on empiiristä tietoa ja näyttöä oman uskoni toimivuudesta. Olen selvinnyt hyvin haastavista tilanteista rukouksen avulla, mutta myös silloin, kun en ole jaksanut edes rukoilla. Jumala kyllä tuntee ihmisten tarpeet ja vaivat. Minkälainen Jumalakuva minulle on näistä kokemuksista sitten muodostunut? Se on muodostunut vuosien mittaan ja voin kokemuksella sanoa, että kyseessä on hyvin hyväntahtoinen olento, rakastava ja rakastettava, auttava ja ohjaileva. Asiat kyllä järjestyvät, kun vain pitää häneen yhteyttä. Mutta en kuitenkaan suosittele pitämään sellaista yhteyttä, jonka perustana on tämän kaikkivaltiaan olennon ärsyttäminen. Ateismihan on tietynlaista ärsyttämistä, ihmisen itsensä nostamista Jumalan edelle. Tästä ei seuraa mitään hyvää, pelkkää vieraantumista todellisesta jumalaperusteisesta ihmisyydestä. Tästä on esimerkkejä maailmanhistoria täynnä. Minkälainen sitten on Helvetti? Ihminen, joka ei halua olla missään tekemisissä todellisen, sielullisen jumaluuden kanssa, jää omilleen: Se on enemmän henkistä kuin fyysistä (kipuun tottuu). Se on ahdistusta, masennusta, turvattomuutta, tarkoituksettomuutta, yksinäisyyttä ja hylätyksi tulemisen tunnetta. Voiko tällaisesta sielullisesta helvetistä päästä eroon? Kyllä, kun luo yhteyden Jumalaan. Miten sitten on laita historian pahimpien joukkomurhaajien kanssa? En tiedä, enkä haluakkaan tietää. Mutta kun joidenkin mielestä lopulta Saatanakin saa armon, ja jos saa mikseivät sitten hekin?

Moni kuitenkin vihaa ja inhoaa Jumalaa kaikesta mielestään, kaikesta sielustaan ja kaikesta sydämestään, joten taivas voisi olla heidän helvettinsä. He eivät sanoneet Jumalalle: "Tapahtukoon Sinun tahtosi", joten heille Jumala saattaa sanoa: "Tapahtukoon sitten teidän tahtonne!"

Mutta älkää tuomitko, ettei teitä itseänne tuomittaisi. Laitauskovaisten mukaan minäkin olen tuleva Helvetin asukas (kuvainpalvonta/ikonit) samoin katoliset samasta syystä, puhumattakaan muiden valtauskontojen harjoittajista. Tämä tarkoittaa miljardien ihmisten joutumista Helvetin tuleen. Huonosti käy myös niille keskiajan katolisille, jotka eivät latinankielisistä messuista ymmärtäneet mitään; vain kuvallisen kerronnan avulla heille voitiin opettaa kristinuskon alkeita. Muinaiset kansat, kastamattomat lapset (synti on vauvoissakin syntiinlankeemuksen takia) ja 1,9 miljardia muslimia Helvettiin. Voi käydä niinkin ikävästi, että kun itse nauttii Taivaan iloista, ovat sukulaiset, ystävät ja tutut Helvetissä, ja Taivaan iloissa voi tulla myös mieleen se, että suurin osa ihmiskuntaa on Helvetin tulessa. Taivaan ilojen nautinnot voivat muuttua aika väljähtyneiksi, sillä jotkut lähimmäisen rakkauteen uskovat voivat menettää uskonsa jopa Taivaan ilojen keskellä. Mitä tällainen kertoo rakastavasta Jumalasta? Onnekseni satuin lukemaan Paul Copanin tekstejä ja näistä löytyi vastauksia: Helvetti on pelkkää eroa (myös väliaikaista) Jumalasta. Armo on kuitenkin tarkoitettu poikkeuksetta jokaiselle, myös niille, jotka eivät ole kuulleet evankeliumeista. Totuus tässä asiassa kuitenkin paljastuu vasta "peljättävän Jumalan tuomioistuimen edessä"

Kun ihminen itsekkyydessään ja luulossaan järkensä kaikkivoipaisuuteen luo myös omat moraalisääntönsä, on hänet tuomittu vapauteen, kuten J - P Sartre asian ilmaisi. Nämä moraalikatsomukset voivat olla täysin nurinkurisia, joissa hyvä ja paha sekoittuvat keskenään niin, ettei varsinaisesta etiikasta voida enää puhua. On vain pahan ja hyvän sekoitus, jota pidetään sitten jonkinlaisena moraalisena hyvänä. Historian julmimmatkin hallitsijat perustavat näkemyksensä jonkinlaisiin moraalisiin prinsiippeihin. Hitlerille korkein hyvä oli Saksan kansan ensisijaisuus muihin kansoihin ja rotuihin verrattuna. Stalinille korkein hyvä oli sosialismi (niin kuin hän oli sen ymmärtänyt) Nämä hirmuhallitsijat luovat omat häikäilemättömät moraalisääntönsä, joiden vastustajat voidaan sitten eliminoida.

Myöskin uskonnolliset ryhmittymät, lahkot ja jopa Kirkko voivat luoda omia moraalisääntöjään, mutta näiden mielivaltaisuutta rajoittavat pyhät kirjat ja pyhät tekstit. Maallisissa valtapyyteissä ei näitä rajoituksia ole, ja historiallisten tapahtumien perustana näyttääkin olevan yksinkertaisesti vain sosiaalidarwinistinen ja sosiobiologinen "oma etu". Tämän takia historia on yhtä väkivaltaista prosessia. Mutta unohduksiin jää se, että ihminen itse on valinnut käyttäytymisensä eettiseksi perustaksi tämän "omaetu" -ajattelun ja tämä on valitettavasti johtanut siihen, että melkein kaikissa instituutioissa vallitsee tämä valtapoliittinen näkökulma.

Kun Kirkko (mikä tahansa Kirkko) pääsee ideologiseen valta-asemaan, silloin keskeiseksi asiaksi

nousee maallisen vallan tavoittelu ja tämän val-
ta-aseman pönkittäminen keinolla millä tahansa.
Tästä on seurannut väkivallan kierre perustanaan
vihan ja pelon yhteen kietoutuminen. Tästä varoitti
mm. M. Gandhi, jonka sanotaan olleen 1900-luvun
ainoa todellinen kristitty, sillä hän noudatti vuori-
saarnan periaatteita: "Jos otetaan silmä silmästä,
koko maailmasta tulee sokea."

Jos oletetaan, että vain meidän oppimme on se
ainoa oikea, ja vaikka asia olisikin näin, niin sil-
loin toisten erilaisilla uskonnollisilla näkemyksillä
(vaikka ne olisivatkin täysin vääriä) ei ole oikeas-
taan mitään arvoa ja silloin myöskin ihmisarvosta
lohkeaa osa pois. Emme näe toisessa omaa ihmi-
syyttämme, vaan ainoastaan kerettiläisen, vainot-
tavan ja kirotun vääräuskoisen. Näin on käynyt
erityisesti suurten uskontojen välillä, puhumat-
takaan siitä vainosta, jota on kohdistettu omasta
kirkosta eronneisiin lahkolaisiin, joita on todella
paljon.

V ISLAM

Suurimmat yhteenotot ovat tapahtuneet historiamme kuluessa kristinuskon ja islamin välillä, eikä tilanne näytä vieläkään kovin ruusuiselta. Kun islam astui uskonnolliselle näyttämölle profeetta Muhammedin toimesta, oli kulunut jo vuosisatoja toisten maailmanuskontojen syntymisestä. Islam ikään kuin astui valmiiksi katettuun pöytään ja lainasi oppiinsa osia kristinuskosta ja juutalaisuudesta (jolla on erityinen painoarvo islamilaisessa teologiassa). Muhammedin ilmestyksistä syntyi Koraani, jonka alkuperäiskappaletta säilytetään taivaassa. En pysty analysoimaan Koraanin tulkintoja, koska pitäisi ymmärtää niitä hienouksia, jotka tulevat ilmi vain oikeanlaisessa ääntämyksessä.

Kaiken kaikkiaan islam yhdisti pakanalliset aavikkoheimot yhden uskonnon alaiseksi (jyrkkä monoteismi) yhteisöksi. Islamista on sanottu, että se on paljon enemmän kuin uskonto; se on viimeistä piirtoa myöten sosiaalinen ja poliittinen järjestelmä. Islam sitoo siis kaikki yhteiskunnan puolet yhdeksi kokonaisuudeksi lakeineen, arvostuksineen ja inhimillisen elämän piirteineen. Koska islam sai opillisen perustansa kristinuskosta ja juutalaisuudesta, Muhammed kehotti kohtelemaan näitä "kirjan kansoja" mahdollisimman hyvin. Olisi hyvä, jos tätä kehotusta noudatettaisiin myös nykyaikana.

Muhammed oli kuitenkin sekä menestyvä kauppias että menestyksekäs soturi, ja tämän eetoksen seurauksena alkoivat miekkalähetyksen vuodet, jotka kohdistuivat etupäässä sekä kristittyihin että juutalaisiin kansoihin. Mikäli nämä uskonnolliset ryhmät joutuivat tappiolle, heistä tuli toisen luokan kansalaisia ja orjia. Mutta maksamalla henkiveron he saivat vapaasti harjoittaa uskontoaan. Kääntymällä islamiin henkiveron voi välttää ja monet kääntyivätkin rahallisen ahneutensa takia. Tämä bisness-eetos johti myös moraalittomuuteen: pahamaineiset arabikauppiaat metsästivät orjia, joita sitten myytiin kristityille orjanomistajille. Tässäkin tapauksessa molemmat uskontokunnat asettivat maallisen taivaallisen edelle ja tuloksena oli rikos, jota kristittynä häpeän vieläkin. Mutta kristittyjen keskuudesta nousi myös orjuutta vastustava liike, joka sittemmin onnistui vähitellen kumoamaan koko orjuusinstituution.

Ayaan Hirsi Ali kirjoitti: "Me muslimit olemme luoneet muuttumattoman tyrannian julistamalla Muhammedin erehtymättömäksi, jäädyttäneet moraalisen ajattelun 600-luvun Arabian niemimaan aavikon ajattelun tasolle ja olleet, emme vain Jumalan palvelijoita, vaan myös Jumalan orjia

"Niinpä kaikkiin islamin muotoihin liittyy vahva yhdenmukaistamisen paine, joten ajatus liberaalista demokratiasta on mahdoton.

Länsimaissa ovat jotkut hysteerikot alkaneet pelkäämään sitä, että islamilainen sharialaki tulisi pakolaisten mukana länsimaiden (eivät ne silloin ole mitään länsimaita) ainoaksi todelliseksi laiksi. Tässä ovat menneet puurot ja vellit, kuten on tapana sanoa, sekaisin. Valistuksen ansiosta länsimaat ovat niin sekulaareja yhteiskuntia, että jopa kristillisen kirkon, aikaisemman valtakeskuksen, on ollut taipuminen sekularismin edessä. Tämän takia tosiuskovaiset kristityt hakeutuvat lahkojen suojiin tai sellaiseen kirkkoon, missä traditio on pysynyt samana aikakaudesta toiseen, tosi kristilliseen kirkkoon, kuten omaani, Suomen ortodoksiseen kirkkoon. Enää ei puutu kuin se, että länsimaisten teologisten tiedekuntien virallisiksi (epävirallisesti nämähän ovat jo olemassa) oppiaineiksi tulevat evoluutioteorian lisäksi kaikki mahdollinen materialistinen hapatus "kriittisine" teorioineen teologiasta, jumaluusopista spongilaiseen teoretisointiin. Teologia on saavuttanut pohjakosketuksensa, mutta onneksi tästä on tie vain ylöspäin.

Islamilaisten maiden teologia ja filosofia vastustaa ponnekkaasti kaikkea materialismiin viittaavaakin, joten heidän uskonnollinen ymmärryksensä on länsimaiden materialismin syövyttävän vaikutuksen yläpuolella, vaikka islam perustuukin, omasta mielestäni, väärään oppiin. Minulle Kristus Vapahtaja on totinen (tosi) Jumala totisesta (todesta) Jumalasta: "Minä ja Isä olemme yhtä."

Mutta vastakkainasettelusta ja väkivallasta on päästävä eroon. Olen täysin vakuuttunut siitä, että Jumala ei hyväksy hänen nimissään tehtyä väkivaltaa. Tällainen on Jumalan pilkkaa. On voitava kunnioittaa kaikkia kansoja ja ihmisiä, joille Jumala on pyhä asia. Ateistejakin on kunnioitettava heidän ihmisyytensä takia. Jos tätä kunnioitusta ei haluta tai ei voida osoittaa, se voi tarkoittaa sitäkin, että loukkaa Pyhää Jumalaa, ikään kuin kiertoteitse, mutkan takaa. Eikä tämä ole lainkaan hyvä asia, sillä olemme kaikki saman Jumalan lapsia. Uskontojen pitää elää keskenään rauhassa eikä sodassa, sillä maailmankatsomuksellisia asioita ei voi ratkaista väkivallalla.

VI YHTEISKUNNAT KRIISIALUEILLA

Konkreettinen nykytilanne on kuitenkin se, että mikäli niin Afrikassa kuin Lähi-idässäkin ei olisi valtavia taloudellisia ja sosiaalisia ongelmia, muuttoliikettä liberaaleihin länsimaihin tuskin olisi olemassa. Lähi-itä ja osin Afrikkakin elävät koko ajan melkeinpä päättymättömässä sotatilassa armottomine sisällissotineen, terroristisine toimijoineen ja voimakkaine vastakkainasetteluineen. Turha yrittää edes luetella niitä maita, missä ei olisi sisällissotia, terroristijärjestöjä, köyhyyttä ja muuta sosiaalista kurjuutta maustettuna mittavalla korruptiolla ja nepotismilla. Siviilien kärsimykset pakolaisleireillä ovat sitä luokkaa, etteivät nämä niin kutsutut maahanmuuttokriitikot voi, eivätkä halua ymmärtää tätä surkeutta. Heille syypää on Koraani, internet tai aivopesu (jota toki on olemassa: mm. itsemurhapommittajat) eikä sosiaalinen, taloudellinen ja väkivaltaisten toimijoiden aiheuttama katastrofi. Tämä kärsimysnäytelmä on tehnyt miljoonista, työttömistä, nuorista miehistä pelkkiä pelinappuloita tässä rasistissa pelissä, jota tietyt länsimaalaiset poliitikot ja ryhmät harjoittavat. Nämä miljoonat ovat myös hyvin alttiita omaksumaan terroristisen elintavan, koska muuta tulevaisuutta tai vaihtoehtoja ei uskota olevan olemassa. Lisänä tähän väkivallan kierteeseen on Euroopassamme alkanut sota, joka ajaa miljoonia ihmisiä pakolaisiksi, ja tekee siviilien kärsimyksistä jokapäiväistä. Turvattomat siviilit maksavat kovaa hintaa siitä, että poliitikot ovat tehneet vääriä valintoja vajavaisten tietojensa pohjalta sekä harhaisissa kuvitelmissaan luoda monikansallisia suurvaltioita. Imperialismi on kuitenkin kaikkein sokeinta valtaa, sillä se ei kunnioita kansojen yksilöllisiä piirteitä. Mutta nämä maahanmuuton vastustajat eivät kuitenkaan näe tai eivät halua nähdä pakolaisessa kärsivää Kristusta, vaan vain uhan omalle elintavalleen.

VII JUUTALAISET

Kun käsittelen näitä maailman uskontoja, en voi jättää huomiotta juutalaista kansaa, "Jumalan kansaa". Tämän kansan selviytymistaistelu ei ole vain ihme, vaan suuri ihme. Kaikki muut kansat, jotka vaikuttivat Lähi-idän muinaisuudessa ovat kadonneet, ehkä lukuun ottamatta palestiinalaisia, jotka ovat juutalaisten veljeskansaa.

Juutalaisten historia on hyvin surullista luettavaa. Paras aikakausi lienee ollut Persian vallan ajanjakso, jolloin juutalaisilla oli oma maansa, mutta valloittajien jatkuva tulva teki juutalaisten olotilan hyvin turvattomaksi. Esimerkkinä olkoon Babylonian pakkosiirtolaisuus (siis ennen kuin Persia kukisti Babylonin v. 538 ekr.) Omasta maasta haaveilu ei loppunut edes Rooman vallan aikana, vaikka Rooma oli aikansa ylivoimaisesti suurin sotilasmahti. Seurasi kapinointia ja niiden tuloksena oli usein hirvittäviä verilöylyjä. Mutta samat juutalaiset omaksuivat myös uusia aatteita, esimerkiksi hellenismin. Mm. apostoli Paavali oli hellenistinen juutalainen ja samalla myös Rooman kansalainen.

Mikä sitten piti juutalaisen kansan juutalaisena niin, ettei se uponnut kansojen mereen? Epäilemättä yhteinen usko, usko Mooseksen lakiin, Vanhan Testamentin profetioihin ja Tooraan. Monoteismi piti juutalaiset yhtenä kansana, "Jumalan valittuna".

Myöhemmin juutalainen kansa joutui ensin islamilaisten maiden vallan alle, ja heitä kohdeltiin kohtalaisen hyvin, vaikkakin alentuvasti. Mutta kristittyjen maiden alamaisia ollessaan tai jouduttuaan kristillisten maiden valtapiiriin, juutalaisten kohtelu oli enemmän tai vähemmän ailahtelevaa sen mukaisesti millaisia maallisia valtapyyteitä näillä "kristillisillä" valtioilla kulloinkin sattui olemaan. Karkottamisia, paarialuokkana olemista, satunnaisia vainoja eli pogromeja, jopa verilöylyjä. Esimerkiksi ensimmäisen ristiretken aluksi tapettiin 4 000 juutalaista ikään kuin lämmittelyksi tulevaa varten. Ristiretkethän olivat aseistettuja pyhiinvaelluksia. Kaiken takana oli kuitenkin epäilys siitä, että juutalaiset eivät olisi uskollisia kruunulle ja feodaalilaitokselle oman erityisen uskontonsa ja tapojensa takia.

Toisaalta juutalaiset alkoivat menestyä taloudellisesti kristityissä maissa, erityisesti nousevan kauppakapitalismin aikana. Kristityiltähän koron ottaminen oli kiellettyä, sen sijaan juutalaiset saivat harjoittaa pankkitoimintaa, missä he menestyivätkin erityisen hyvin. Eurooppaan syntyi juutalainen raha-aristokratia. Mutta tästä huolimatta asemastaan toisen luokan kansalaisina he eivät päässeet irti.

Vakavin syytös, joka juutalaisia vastaan singottiin, oli se, että heitä pidettiin tosiasiallisina Jeesuksen surmaajina. Tämäkin asia on vähän niin ja näin, sillä lopullisen käskyn Jeesuksen ristiinnaulitsemisesta antoivat roomalaiset (siis läntisen maailman hallitsijat) eivätkä juutalaiset, jotka (lähinnä papisto) tietysti provosoivat sen kun ehtivät, mutta käskyvaltaahan heillä ei tässä asiassa ollut. Muistettava on myöskin se tosiasia, että Kristus Vapahtaja oli itsekin juutalainen, ja kun vihaa juutalaisia, vihaa myös Kristusta juutalaisen kansan osana.

Vihapuhe sai kuitenkin jatkoa hyvin arvovaltaiselta taholta: uskonpuhdistaja Martin Luther kirjoitti kipakan kirjan: "Juutalaisista ja heidän valheistaan" ja tämä oli Natsisaksassa mieluista luettavaa; samoin kuin Venäjällä, tsaarin vallan aikoina, väärennetty "Siionin viisaiden pöytäkirjat", missä kuvataan juutalaisten maailmanvalloitussuunnitelmat.

Nämä kokonaan tuulesta temmatut kirjoitelmat niittivät sitten todella vakavia ja vahingollisia seurauksia: suunnitelman koko juutalaisen kansan hävittämiseksi sekä tämän tuloksena holokaustin. Ne juutalaiset, jotka tästä lihamyllystä selvisivät, alkoivat etsimään itselleen jonkinlaista turvapaikkaa ja maata, jossa voisivat suhteellisen rauhassa asua. Britannian mandaattialueesta saatiin juutalaisvaltion perusta, mutta samalla arabimaat hyökkäsivät muotoutuvan Israelin valtion kimppuun. Aivan kuin ei missään maapallon kolkassa päästäisi eroon juutalaisvihasta ja -kammosta. Israelin historia onkin jatkuvien sotien historiaa, mutta lopulta tämä alueensa ainoa länsimainen demokratia vakautti asemansa. Ainoa kysymys, joka on vielä ratkaisematta, on palestiinalaiskysymys, jonka pitäisi olla ratkaistavissa näiden veljeskansojen välillä. Myöskin normaalien, rauhanomaisten suhteiden rakentaminen Israelin ja sen naapurien välille on välttämätöntä näiden kansojen itsensä takia.

Juutalainen kansa on lahjoittanut ihmiskunnalle paljon viisautta ja neroutta, lasketaanpa se sitten Nobel-palkintojen määrässä tai niissä yksilöissä, jotka ovat keskeisesti vaikuttaneet ihmiskunnan historiassa. Jumalan kansaako? Siltä tämä kyllä vaikuttaa.

Juutalaisten uskonto poikkeaa kuitenkin kristillisestä uskosta (siis myös omastani) hyvin suuressa määrin. Juutalaiset odottavat vielä Messiasta aivan samoin kuin muslimit Mahdia. Kristityille Messias on jo tullut ja hänen viestinsä kaikille kansoille on se, että "En tullut maailmaa tuomitsemaan, vaan pelastamaan."

VI LOPUNAIKOJA ODOTELLESSA: SODAT

Monet syvästi uskovaiset ihmiset elävät jatkuvan lopunaikojen odotuksessa. Kun tarkastelee ihmiskunnan historiaa, tapahtumat ovat olleet niin sotaisia, että voisi melkein sanoa, että sota on ihmisen luonnollinen olotila. Sota on kuitenkin melkeinpä kauhein asia, mitä ihmiselämässä voi tapahtua. Kauheampaa lienee vain se, että ihminen katkaisee Jumala yhteytensä; nämä asiat liittyvätkin toisiinsa. Sotimisessa ei kuitenkaan ole kysymys ainoastaan sosiaalidarwinismista (ihminen voi tosin ottaa tämän ideologiakseen, aatteekseen) vaan moraalisista valinnoista.

Sotien syitä on syytä etsiä ihmisluonnosta ja hänen suhteestaan Jumalaansa. Ihminen asettaa Jumalan pyhyyden ja hänen iankaikkisten totuuksiensa (lähimmäisten rakastaminen, väkivallattomuus: käännä toinenkin poski, köyhien ja syrjäytyneiden auttaminen jne.) edelle omat valtapyyteensä, kansakuntansa, valtionsa, ryhmänsä, varallisuutensa ja ylipäänsä kaiken, mikä on maallista alkuperää. Kristuksen seuraaminen on kuitenkin mahdotonta, jos asettaa nämä maalliset asiat Kristus Vapahtajan rakkauden ja rakastamisen edelle. Tämä edellyttää myöskin vihamiesten rakastamista, kuten Kristus on sanonut: vihaamista voi verrata murhaan. (Ja tänä modernina aikakautenamme vihapuhe vertautuu sekin murhaamiseen, mikäli seuraamme Jeesuksen ajatuksen kulkua).

Sotien syitä on etsittävä maallisista asioista, ei taivaallisista. Sitä mukaa kun ihminen on vieraantunut Jumalastaan, sitä enemmän soditaan. Sillä niin kuin Jumala rakastaa tasapuolisesti kaikkia, niin sota vihaa yhtä tasapuolisesti, kenellekään armoa antamatta. Euroopassa käydyt uskonsodat kristittyjen valtioiden kesken olivat julmuudessaan ainutlaatuisia. Kysymyksessä ei tietystikään ollut Kristuksen, "rauhan ruhtinaan" opetusten noudattamisesta, vaan maallisten ruhtinaiden ja valtakuntien valtapyyteistä, nimikristillisyydellä ja muodollisuuksilla naamioituina. Aikamoista Jumalan herjaamista pitää sisällään tappokoneistojen siunaaminen, mutta kuolemaan menevien sotilaiden siunaaminen on eri asia.

Protestanttien ja katolilaisten ottaessa yhteen tuloksena oli verilöylyjen sarja: Kaarle V:n selkkaukset protestanttiruhtinaiden kanssa 1547 ja 1552–1555. Seitsemän uskonsotaa Ranskassa 1562–1598 ja jatko-osa 1610–1629, Alankomaiden pitkälle venynyt kapina 1567–1648, Skotlannin sisällissodat 1559–1560 ja 1567–1573, Elisabethin Englannin sota Espanjan kanssa 1558–1604, satunnainen sodankäynti ja kapina Irlannissa 1566–1630, kolmikymmenvuotinen sota 1618–1648 (silloin käytännössä koko Saksa ja sen alueet tuhottiin, verrattavissa vain toisen maailmansodan tuottamaan hävitykseen). Britannian ja Irlannin sisällissodat 1637–1654 ja 1688–1690, Ludvig XIV kukisti verisen hugenotti-(Ranskan protestantteja) kapinan 1702–1711. Tämän syntilistan eräänlainen kohokohta oli Ranskassa 24.8 1572 tapahtunut "Pärtyllinyön verilöyly": Ruumiit silvottiin ja raskaana olevat naiset suolistettiin. Nämä tapahtumat on kristittyjen syytä pitää mielessä, etteivät ne toistuisi.

Voiko tällaisissa sodissa olla mitään kristillistä, edes hiukkanen oikean opin puolustamista? Näissä sodissa ei ollut mitään tosi kristillisyyteen viittaavakaan. Ne ainoastaan häpäisivät Kristuksen sanoman: "Autuaita ovat rauhantekijät." Nämä sodat myös omalta osaltaan romuttivat Kristuksen opetukset sekä lähimmäisen että vihollisen rakastamisesta. Kaikki se, mikä on kristinuskon perustana, murennettiin palasiksi maallisen menestyksen ja kunnian tähden, joilla ei ole Jumalalle mitään merkitystä. Vain Jumalan ehdoton pyhyys ja Hänen rakkautensa ihmiskuntaa kohtaan ovat pysyviä. Mitä maallisella maineella tai kunnialla on merkitystä Jumalan tuomioistuimen edessä? Tosin armo käy sitä suuremmaksi, mitä pidemmäksi syntilista kasvaa (apostoli Paavalia mukaillen).

Mutta sodilla rikastuu ja tämän rahamyllyn pyörittäminen on sitä oikeaa isänmaallista itsensä toteuttamista ja elämän tarkoitusta, ainakin niille, joiden moraalinen taso on kaiken arvostelun alapuolella, sillä he rikastuvat kuolemasta. Kun soditaan, niin rikastutaan, kun ei sodita köyhdytään. Kun jossain päin maailmaa on sota (ainahan niitä on) aseita tarvitaan ja niiden myynnillä tehdään voittoa, joka ei ole pelkästään kannattavaa, vaan se on suurta ja globaalia. Ahneus, materiaalisen hyvän ja utilitaristisen onnen saavuttaminen aineellisen hyvän avulla on sekulaarille valistuksen jälkeläiselle se korkein hyvä.

Mitä muuta ihmiskunnan historia on ollut kuin sotien historiaa? Kuten jo edellä kirjoitinkin, tämän pitäisi todistaa sosiaalidarwinismin puolesta, joka siis olisi ihmisen luonnollista ja luonteenomaista, luonnosta perustansa saanutta käyttäytymistä, mutta tämä ei kuitenkaan sitä todista. Miksi? Yksikertaisesti siksi, että ihmisyhteisöillä on aina ollut mahdollisuus valita rauhan tila (pahimmassa tapauksessa alistumalla, mutta valinta se on sekin).

Sodat syntyvät pelon ja vihan vuorovaikutuksesta eikä vain hengissä säilymisestä. Pohjaton vallanhalu ja kunnian tavoittelu eivät kuulu eliöiden luonnolliseen elämään. Sodat syntyvät ihmismielen ja -sielun pimeästä puolesta, tarpeesta olla jollakin tavoin parempia kuin muut yhteisöt tai valtiot.

Sodilla on oma ideologinen perustansa, mitä ei eläinkunnassa tunneta. Uskonsodat ovat tästä tyypillinen esimerkki. Kunnian tavoittelu toinen. Oman kansakunnan, valtion tai ryhmän nostaminen muiden yläpuolelle rodullisista, taloudellisista tai poliittisista syistä on johtanut sotiin ja on johtanut tänä päivänäkin kriisiin Euroopassamme.

Taustalla on vaikuttanut äärinationalismin kärjistynein muoto, jota myös patriotismiksikin voidaan kutsua (vaikka tämä on liian lievä ilmaisu ja siksi epärelevantti).

Äärinationalismista kirjoittaessaan Leo Tolstoi käytti sanaa "patriotismi", mutta uskon, että lukija ymmärtää eron, sillä patriotismi ei välttämättä ole äärinationalismia. Tolstoi: "Kaikkein yksinkertaisimmassa, selkeimmässä ja kiistattomammassa muodossa patriotismi on hallitsijoille mikäpä muu kuin vallanhimoisten ja itsekkäiden päämäärien saavuttamisen keino ja hallituille taas luopumista ihmisarvosta, järjestä ja omastatunnosta sekä orjamaista alistumista vallassa olevien tahtoon. Niinpä sitä saarnataankin kaikkialla, missä saarnataan patriotismia. Patriotismi on orjuutta." Myös puolalainen toisinajattelija (reaalisosialismin vastustaja) A. Michnik kirjoitti: "Patriotismi on suoraan riippuvainen siitä häpeästä, jota ihminen tuntee oman kansansa nimissä tehdyistä rikoksista." Kuitenkin sotilaita tarvitaan, jos kansakunnan olemassaoloa uhataan; ei ole paljon muita keinoa kuin puolustautua, vaikka tässä rikotaankin Kristuksen sanoja vastaan.

Mitä sitten ajattelee sotilas, joka joutuu toteuttamaan poliittisten päättäjiensä tahdon? Länsi-liittoutuneiden komentajana toisessa maailmansodassa toiminut D. Eisenhower lausui vuonna 1946

Ottawassa: "Inhoan sotaa tavalla, jonka vain siinä elänyt ja sen brutaaliuden, turhuuden ja typeryyden nähnyt voi inhota." 1951 Eisenhower presidentillisessä jäähyväispuheessaan ilmaisi huolensa sotateollisen kompleksin valtavasta kasvusta ja sen mahdollisesta epäterveestä vaikutuksesta amerikkalaiseen demokratiaan. Sotateollisuus ei saisi olla kaupallisen, yksityisen voitontavoittelun kohteena.

Sotateollinen kompleksi koostuu taloudellisista toimijoista, poliitikoista ja sotilashenkilöistä, joiden yhteinen etu on tavaroiden ja palveluiden tuottaminen sotilaallisiin tarkoituksiin, ja jolla on taloudellisen vaikutusvallan lisäksi myös poliittista vaikutusvaltaa. (Neuvostoliitto ei paljon muuta ollutkaan kuin sotateollista kompleksia alusta loppuun asti). Eisenhower varoitti korruptiosta ja aseteollisuuden epäterveestä vaikutusvallasta maan hallintoon ja demokraattisiin elimiin.

Eisenhowerin varoituksista huolimatta sotateollisen kompleksin valta konkretisoitui Vietnamin sodassa. Yhdysvaltain armeija koki valtavia sotilashelikopteritappioita tässä sodassa, mutta teollisuus korvasi nämä tappiot kasvattamalla tuotantoaan ja volyymiaan. Näiden yhtiöiden osakkeenomistajat rikastuivat näillä "verirahoilla" joiden todelliset maksajat olivat sodassa kaatuneet nuoret miehet, yhdysvaltalaiset sotilaat.

Vieläkin pahempaa tapahtui toisen maailmansodan aikaisessa Saksassa: Ig Farben, Siemens, Daimler-Benz, BMW ja Krupp sekä monet muut yhtiöt olivat yksityisen teollisuuden suurimpia pakko- ja orjatyövoiman käyttäjiä. Ig Farbenin kumppani oli Auschwitz, BMW:n Dachau, Daimler-Benzin Sachsenhausen, Siemensin Ravensbruck sekä Agfa:n, Dr. Oetkerin ja Porschen Volkswagen tehtaan Neuengamme. Tosin nykyisin nämä teolliset yhtiöt toimivat eettisesti moitteettomasti.

Kuten edellä olen kertonutkin, monet syvästi kristityt ihmiset, kristityt lahkot ja oppisuunnat ovat kautta historian odottaneet lopun aikojen koittamista. Ihmiskunnan historia on ollut sen verran väkivaltaista ja poukkoilevaa, että useimmilla näistä lopunaikojen odottelijoista on ollut varsin perustellut syynsä uskoa, että lopun ajat ovat läsnä tällä kyseisellä aikakaudella. Mutta vain Jumala yksin tietää sen, mitä historiassa ja historian lopussa on tapahtuva. Ennustajia ja taivaan merkkien tulkitsijoita ei ole syytä uskoa, heillä ei välttämättä ole, niin sanoakseni, puhtaita jauhoja pusseissaan. Kristityn on syytä pitää mielessään se, että hänen henkilökohtainen lopun aikansa on elämän loppu, siirtyminen "tuonpuoleiseen", kuten meillä ortodokseilla on tapana sanoa.

Loppua odotellessa yksittäinen kristitty voi pitää

sielunsa puhtaana vihasta, kateudesta ja turhasta pelosta. Hän voi pyrkiä seuraamaan Kristusta, pitää huolta korkeasta moraalista, olla tuomitsematta syntistä, koska on itsekin syntinen, mutta synnin voi kyllä tuomita, vaan kuka heittää sen ensimmäisen kiven? On tärkeää kohdella toisia uskontoja kunnioittavasti (erityisesti niitä, joille Jumala on pyhä asia). On oltava avomielinen ja ymmärtävä: jopa materialisteja on ymmärrettävä, hehän ovat vain harhautuneita sieluja, väärien oppiensa vankeja.

IX MODERNIN EETOS

Vaikka aikamme tiedotusvälineiden ohjelmat ovat mitä ovat, se ei saa estää perustellun kritiikin esittämistä niitä kohtaan ja nimenomaan kristilliseltä perustalta. Tiedeohjelmat ovat pelkkää evoluutiota, digitaalista hömppää; erilaiset kilpailuohjelmat häpäisevät aina jonkun onnettoman; rahasta kisailu ruokkii pelkkää avointa ahneutta; ylipursuava seksuaalisuus on jotakin täysin välttämätöntä viihdettä, josta puuttuu aito rakkaus ja sarjaohjelmat/saippuaoopperat ovat infantiilien aikuisten tempoilevaa sekoilua. Tämän kaiken ta-

kana ei ole vain sekulaarisen länsimaisen kulttuu-
rimme rappiotila, vaan tarkoituksellinen ihmis-
ten muokkaaminen tyhmiksi hallintoalamaisiksi,
joille voidaan syöttää viihteenä ja totena ihan mitä
tahansa. "Tieteestä" olkoon esimerkkinä evoluu-
tioteorian tueksi luodut digitaaliset apinan ja ih-
misen sekoitukset, apinaihmis-cocktailit, joita on
tieteen nimissä nautittava. Sosiaalidarwinistista
viihdettä ovat sitten urheilukilpailut, joissa vain
voittajalla on merkitystä, muut eivät ole mitään.

Meidän kristittyjen on syytä pitää pää kylmänä
tässä informaatiotulituksessa, pitää oppi puhtaana
ja mahdollisimman yksinkertaisena. Eikä mitään
saa asettaa Pyhän Jumalan yläpuolelle: ei kansaa,
ei valtiota, ei perhettä, ei mitään. Ja jos me oikein
toimimme, saamme kyllä yllin kyllin kaikkea.

JOHTOPÄÄTÖKSIÄ

Elämän synnyttämiseksi on kolme mahdollisuutta, neljä, jos kopioiminen lasketaan mukaan, mutta sitä en laske, koska se on --- kopioimista: fiktiivinen, virtuaalinen ja konkreettinen. Fiktiivinen elämän synnyttäminen perustuu ihmisen ja elämän olemassaoloon, vaikka todellisuudessa se syntyy tyhjästä. Esimerkiksi sattuma elämän synnyttäjänä on täysin väärä ajatelma, sillä se liittyy aina olemassa olevaan elämään, ja ilman sitä sattumaa ei ole olemassa, koska eihän elämääkään (ihmisestä puhumattakaan) ole aina ollut olemassa. Sattuman pitäisi siis liittyä johonkin olemattomaan, siis ei – olemassa olevaan, mistä pitäisi sitten syntyä elämää, mutta tässähän ei ole mitään järkeä. Tapahtuma, joka ei liity mihinkään, on vailla merkitystä ja sellaisia ovat kaikki tapahtumat tiedottomassa tilassa. Fiktiivinen elämän synnyttäminen on kuitenkin tietoisen ja tiedollisen ajattelun ja toiminnan tulosta, inhimillisen älyn käyttöä. Virtuaalinen elämän synnyttäminen on tietokoneistetun ohjelmoinnin ja ohjelmoijan työtä (inhimillinen äly). Se on digitaalinen maailma, missä ei ole mitään todellista. Tässä maailmassa voidaan synnyttää melkeinpä minkälaisia eliöitä tai olioita hyvänsä, vain ihmisen mielikuvitus on rajana. Ainoa todellinen elämän synty on konkreettinen tapahtuma, ja siihen pystyy vain sellainen tietoinen olento, jolla on hallussaan täydellinen tieto elämästä ja siitä, mitä tämän synnyttämiseksi tarvitaan. Kaiken pitää olla täydellistä: tiedot, suunnittelu ja konkretisointi, jotta eloton voi muuttua eläväksi ja mikä tärkeimmistä tärkeintä: ilman konkreettista tietoa elämästä sitä ei voi synnyttää edes ikuisuuden kuluessa.

Kuollut materia itsessään on kuin paperinukke: sillä on silmät, joilla se ei näe, sillä on kädet, joilla se ei kosketa, sillä on vartalo, joka ei tunne, sillä on korvat, jotka eivät kuule, sillä on jalat, jotka eivät kävele, sillä on pää, missä ei ole mitään ja sielu, joka ei ymmärrä. Mutta materialistifilosofit väittävät, että tämä on se perusta, mistä elämä, henki ja tietoisuus syntyvät. He eivät kuitenkaan halua huomata sitä, että kuolleen materian taustalla on kuolema itse. Kuolema luo elävää. Irvistelevä pääkallo symboloi materialistin jumaluutta. Mutta maailma, kosmos, ilman älyllistä toimijaa on järjetön ajatus, koska silloin kaikki tapahtumat ovat enemmän tai vähemmän tarkoituksettomia, eikä niitä voida tunnistaa. Mutta naturalismi väittää, että absoluuttisesta tiedottomuudesta syntyy tietoisuus, täydellisestä järjettömyydestä inhimillinen järki ja kuolleesta elävää.

Panteismi on materialismin ilkein muoto, sillä se sotkee ilmiselvään materialismiin tietoisia ja tiedollisia elementtejä. Tuloksena on panteistin oman mielikuvituksen ja kuolleen aineen sekasotku ja sekasikiö. Pahimpia olivat skolastiikan aikakauden (keskiajan) Eriugena ja 1600-luvun Spinoza. Marxilainen eli dialektinen, "tieteellinen" materialismi on panteismin muoto, missä Hegelin hengenfilosofia on asetettu materian muodonmuutosten prinsiipiksi.

Moderni, länsimainen liberaaliteologia menettää vielä legitimiteettinsä, sillä niin materialismin ja evoluutioteorian kyllästämää se on. Evoluutioteoria on sekin fiktioiden luomista niiden todisteiden perustalta, joita on käytettävissä ja niiden asettelua evolutionistin haluamaan järjestykseen. Se on ohjattua evoluutioita eikä mitään muuta.

Yhteiskuntaelämä tulisi voida rakentaa kristilliselle perustalle niin, ettei ihmisen koko elämä menisi rahan perässä juoksemiseen, taustalla pelko siitä, että riittävätkö rahat terveydenhoitoon, lasten koulutukseen, jopa ruokaan. Länsimaat ovat sen verran varakkaita, että ne voivat järjestää kansalaisilleen perusturvan (kuten omassa maassani on järjestetty), joka riittää perustarpeiden tyydyttämiseen. Parhaiten tämä on onnistunut pohjoismaisissa hyvinvointiyhteiskunnissa. Nämä yhteiskunnat ovat kuitenkin sidoksissa jatkuvan kasvun ideologiaan, joka ei taas ole hyväksi luonnolle. Olisi pyrittävä elämään luonnon tuottamilla koroilla pääomaan koskematta.

Maapallollamme on tuhansia erilaisia uskontoja, joista osa käy vielä ideologista taistelua toisia uskontoja vastaan. Periaatteessa tällaiset taistelut ovat täysin turhia, koska mitään toisen uskontoryhmän oppia ei voida pakottaa toisenlaista oppia tunnustavan omaksumaan (ainakaan ilman väkivaltaa). Käännytystyö on sitten asia erikseen; siinä ihminen voi vapaasti valita, uskooko siihen, mitä käännyttäjä sanoo vai ei. Vrt. Jeesuksen lähetyskäsky: Matt. 28 kuin myös Matt. 10: "Ja jos joku ei ota teitä vastaan eikä kuuntele teidän sanojanne, lähtekää siitä talosta tai kaupungista ja puhdistakaa tomu jaloistanne." Mutta kaiken kaikkiaan on syytä kunnioittaa ja arvostaa toistenkin uskonnollisia näkemyksiä, jotta erilaiset uskonnot voisivat elää rauhanomaisesti keskenään. Painotan vielä sitä keskeistä sanomaani, että sotiminen uskonnon nimissä on Jumalan pilkkaa.

Noudattakaa kultaista sääntöä ja ottakaa Kristus Vapahtaja esikuvaksenne, auttakaa toisianne, älkää sortuko muukalaisvihaan (nähkää muukalaisessa, oudossa, kärsivä Kristus) ja pitäkää yhteyttä Jumalaanne rukoilemalla sekä käymällä omissa seurakunnissanne. Älkää asettako mitään Jumalan yläpuolelle, niin saatte kyllä kaiken sen, mitä maallisessa elämässänne tarvitsette. Kristus on tie, totuus ja elämä, vain hänessä ja hänen kauttansa ikuinen onni ja oikeanlainen oppi on mahdollista.

KIITOKSET

Kiitän kirurgi Mikko Tuulirantaa jatkuvasta tuesta ja esimerkillisestä kristillisyydestä. Kiitän eläinlääkäri Pekka Salmista kannustamisesta uusien haasteiden löytämiseksi.

Kiitän myös professoreita Matti Leisolaa ja Tapio Puolimatkaa; heidän kirjoituksensa antoivat taustatukea omalle ajattelulleni.

Kiitän myöskin niitä "taistelijoita" jotka jaksavat esittää hyvin perusteltua kritiikkiä aikamme naturalistista valtauskontoa, evoluutioteoriaa, vastaan. Lääkäri Pekka Reinikainen on tässä erityisesti kunnostautunut, vaikka on monesti joutunut kärsimään röyhkeiden ja ylimielisten evolutionistien perustelemattomista hyökkäyksistä.

Lopuksi kiitän Suomen ortodoksista kirkkoa selkeästä eettisestä opetuksesta ja siitä, että olen saanut elämäni aikana turvautua oman kirkkoni valoisaan ihmiskuvaan ja muuttumattomaan teologiaan.